知识就在得到

钱从哪里来

The Secret of Your Money 4

岛链化经济

香帅 著

新星出版社　NEW STAR PRESS

序　言

时间真快,"香帅财富报告"系列居然已经写到第四年了。

还记得四年前,在离北京SKP商场不远的一个餐厅,罗胖(罗振宇)和脱不花忽悠我"每年做一本给中国百姓的财富指南","从亲历历史到成为历史"。

2019年元旦后,我在深圳举办了人生中第一场线下大课,跟参加大课的用户相约在2024年1月6日的深圳机场凯悦酒店宴会厅重聚,因为"中国在那时一定会进入高收入国家行列"。

2019年,我国人均GDP(国内生产总值)为70892元,按年平均汇率折算达10276美元。中国首次进入"万元美金社会"。那一年,高收入国家的衡量标准是人均GNI(国民总收入)12375美元。[1]中国距离高收入国家,仅有一步之遥。

2020年1月23日,武汉"封城"。我永远也忘不了那个心慌

---

[1] 世界银行按人均国民总收入对世界各国经济发展水平进行分组,通常分成四组:低收入国家、中等偏下收入国家、中等偏上收入国家和高收入国家。人均国民总收入与人均国内生产总值大致相当。

的夜晚。

2022年，则比任何一年都来得魔幻。有时候，我会感到一阵恍惚，历史不过踉跄了一步，但幻化成的，却是普通人的岁月漫长。

2022年终于走到了尾声。这一年的难，我不想再赘述：从全球来看，是通胀、战争、隔阂；从中国来看，是消费收缩、房价下跌、股债双杀、中年失业、生意清盘、公司倒闭……

"难"，大概是2022年所有人的感觉。世界如此大，却又如此小，每个地方的伤痛都会牵动普通人，在他们身上留下痕迹。

带着隐隐作痛的伤口，我们能感觉到，一个新的世界已经呈现，很多决策的逻辑需要在新的历史环境下重新思考。

比如，从微观来说，要不要让孩子出国上学，去哪个国家上学？家庭资产要配置海外资产和国际货币吗？怎么配？配多少？数字人民币、数字美元或者比特币需要进入我们的家庭资产配置吗？

比如，从宏观来说，科技、生产领域的部分"脱钩"会给产业链带来什么变化？由于政治和意识形态的摩擦，在全球化背景下最顺理成章的"出海"战略是否还成立？还有哪些领域存在全球共识，能够进行全球性的安排？这些共识在中国的土壤里会结出什么样的果实？

又如，全球通胀会不会持续，演变成20世纪70年代那种大通胀悲剧？中国能不能独善其身？如果不能，哪些路径能避免财富被过快销蚀？在潜在通胀和经济增速的双重压力下，中国的宏观政策会做出什么样的调整？国内的房子还能买吗？"买一线，买核心城区，不买三线，不买远郊"的房产配置逻辑是否会发生变化？要不要买国外的房子？

再如，在"中国式现代化""有中国特色的资产估值体系"的指导思想下，A股的估值逻辑会发生什么变化？2020年之前最顺理成章的"消费升级"概念、"老龄化社会"概念还成立吗？中字头企业和中药板块会成为新的价值投资赛道吗？更切身的问题是，A股定投、美股定投和买房之间，究竟哪个更安全一点？

脱钩、通胀、有中国特色的资产估值体系、中国式现代化……这些已经几十年没有出现在我们的投资决策中的词语，在2022年之后，将成为财富创造和财富安排的基础逻辑。方向性的一点偏差，可能会导致谬以千里的结果。

如何理解新的气候条件和土壤环境，然后适应、生存、演化，是这本书想直面的问题。在书中，我会讲到时代、通胀、房产、消费、A股、平台、数字化职业等七个与大家密切相关的话题，试图在"新世界"里重新思考它们的财富意义。

与往年一样，我和团队从2022年2月开始，就在数据和文献中摸爬滚打，断断续续地进行田野调查，调研了沈阳、大连、南京、海口、上海、苏州、杭州等十多个城市。今年的田野调查格外艰难，有十几次票买好了又被取消，有三四次到了当地之后被要求隔离，有好多次因为北京健康宝弹窗无法回京，还有几次被封在酒店里，只能跟采访对象线上沟通……一方面，种种波折让我们感到精疲力竭；但另一方面，这些"亲历的历史"也在一次次地加深我们对时代的切身感受。

2019年，我们给这个系列的第一本书起名叫作《钱从哪里来》。

2020年的关键词是"K型分化"，我们用了《香帅中国财富报告：分化时代的财富选择》这个书名。

2021年，中国经济进入"中年成熟期"，我们用了《熟经济》这个名字。

2022年，我定下的关键词是"岛链化经济"——这是一个从全面连接到有限连接的拐点，是从全球合作共生到博弈共存的拐点，也是一个岛屿各自为政、链上利益结盟的世界。所有在"增长的风帆会让所有船只扬帆远航"的时代成长起来的中国企业、中国家庭，都需要在新的逻辑下寻找新的位置，在稀缺的共识中寻找愈合的缝隙，在岛上和链上寻找生产和发展的机会。

2022年9月，我和得到App的同事们商量，就当过去几年的"香帅财富报告"是一场圆舞吧，一曲舞罢，我们回到起点，重新开始。从2022年开始的未来十七年，这个系列将统一以《钱从哪里来》为名。

所以，今年这本书的名字就叫《钱从哪里来4：岛链化经济》，在岛链化时代寻找"钱从哪里来"的答案。

2022年11月26日，我在从北京向上海飞驰的高铁上写下这篇序言，轰隆隆的车轮声像是我内心的回声：

> 谢谢你们陪我走过的第四年。
> 我们亲历，并成为历史。

最后，我想再次将第一本《钱从哪里来》序言里的一句话送给你：

> 不要走在我后面，因为我可能不会引路。
> 不要走在我前面，因为我可能不会跟随。
> 请走在我的身边，做我的朋友。
>
> ——〔法〕阿尔贝·加缪

很多事情都变了，但有些事情没变。和当年一样，我仍然怀着最热切的希望，也怀着最大的谦卑，将这本书献给你，以及所有普通的中国人。

香帅
2022年11月26日于京沪高铁

目 录
CONTENTS

引　子 _001

第一章 ｜ 岛链化时代

这个世界怎么了 _009

那时候世界是平的 _020

霸权与稳定 _025

第二章 ｜ 2022 斯芬克斯之谜

通货膨胀是美联储的阳谋吗 _039

2023 年，市场怎么反应 _052

嚣张的霸权：数字美元 _057

第三章 ｜ 沉重的房子

周阿姨手里的钱该怎么办 _071

2022 年之后，中国房产还能买吗 _094

还贷还是不还贷，这是个问题 _104

不是黑铁，而是青铜时代 _109

第四章 | 疤痕效应

存钱，存更多的钱 _119

疤痕效应 _131

漫长的愈合之路 _137

第五章 | 你别无选择

丧失趋势的 A 股市场 _143

短平快：短期次优选择 _158

自我实现的泡沫 _168

第六章 | 平台非流量时代

生存还是毁灭 _181

造市者的生态系统能力 _189

注意力竞争平台的推陈出新 _198

生态型平台与新能源汽车 _204

第七章 | 数字劳动者

技能比专业更重要 _213

技能创造流动性 _228

下一个潮汐：从有用性到有益性 _236

小而美地活下去 _245

后　记 _251

引 子

> 没必要对着打翻的牛奶哭泣,因为宇宙中的所有力量都要一心将它打翻。
>
> ——〔英〕毛姆《人性的枷锁》

先讲一个小故事。

很久以前,有一个很大的村子。村子北边有个人特别能赚钱,北边的村民都称他一声大哥,跟着他一起赚钱,大哥吃肉我喝汤。村子南边也有一个人很厉害,南边的村民也称他一声大哥。南北两个大哥论武力不相上下,互相不服气,因此他们并不和睦,从不往来。村里的土地分配泾渭分明,两边的村民们也互不理睬,各过各的。

不过,南边大哥的赚钱能力不是很强。几十年下来,南边的村民眼看着北边的村民都开始住楼房、看彩色电视、买轿车,自己却还住在土坯房里,连肉都吃不上,就有点坐不住了,跟南边大哥闹了一场,不再跟着他混。这样一来,北边大哥成了村里唯一的领导。他大手一挥,开始搞"全村整合计划"。

北边大哥先是组织了村委会,设立了村常委,把村里有头有脸的人都请进来,让大家以后商量着办事,要是村里有谁闹事,就给他点颜色看看。村民从此安生了不少。

然后北边大哥说,要想富先修路,组织村民拆掉了村里各家各户之间的篱笆,修了新路。他又按照各家各户的优势分配了工作,比如张屠夫家专门养猪宰猪,李寡妇家织布做衣服,王木匠家做家具,宋麻子家开餐馆……所有商品在全村流通,定期举办"全村大市场"。

有市场就会有交易,但是这家用银圆,那家用铜币,收钱找钱十分不方便,干脆统一用北边大哥家使用的货币。北边大哥怕大家不放心,还跟拥有村里最大水井的宋麻子家签订了协议,规定自家的钱和井里的水挂钩,同时自己会履行保护水井的职责。村里就这么一口水井,每家每户都离不了,这下大家就放心了。

接着又出现了新问题。李寡妇说她家也有猪,不想买张屠夫家的。各家都有自己的小九九,要是都提要求,不就乱套了吗?北边大哥召集村委会讨论说,这不行,大伙儿得公平,对别人家和自己家的产品要一视同仁。谁不服,就把谁踢出市场,爱玩什么自己玩去。

这还不够,北边大哥琢磨着,张家有钱没地,李家没钱有地,得整点信贷,要不然村里的经济搞不上去。然后他又开始琢磨信贷的制度，比如利息怎么确定，贷款怎么归还，等等。

轰轰烈烈的"全村整合计划"搞得热火朝天，大家发现，全村整合确实好，各家都赚了钱，日子也过得好了，因此都特崇拜北边大哥。

大哥家里当然过得更好，尤其是他发现了一个秘密——自家不用再干活了，因为村里的交易都是用他家的货币，所以钱不够时，印点钱买东西就行。他平时的工作主要就是搞搞金融，做做研究创新，向全村村民收收税，每天过得十分惬意。

村子南边有几户人家特别勤劳肯干，还爱存钱。在全村大市场发展起来以后，这几户人家很快就富起来了。其中一户人家人口特别多，因为之前穷怕了，现在干活特别努力，很快，全村村民家里的衣服、鞋帽、家具等，几乎都是这家生产的，价格便宜质量好，村民们也都很高兴。

这一时期，村里一片繁荣景象，每日歌舞升平。

又过了很久，南边这户人家人丁越来越兴旺，家业也越来越大，俨然成了村里的二号人家。

北边大哥家里倒是出了点问题。印钱买东西这件事很容易上瘾，爽是爽，要付出的代价也高。一方面，不劳而获时间久了，北边大哥家里的地都撂荒了；另一方面，村子里干苦活的人家看着大哥不干活，收入还那么高，都觉得自己吃了亏，纷纷开始闹事。

于是，村里多年形成的规则、秩序逐渐开始松动。

秩序就像地基，只要松动，就会出现缝隙。现在各家各户都有钱了，也多少都有点自己的想法。一方面，他们对北边大哥印钱收税这事儿不是没有微词，但谁也不愿意当出头鸟；另一方面，他们对南边那户人家做大也心存疑虑，同时又有点眼红。一部分人想坐山观虎斗，另一部分人想分一杯羹。

之前全村大市场刚发展起来，各家各户忙着赚钱，互相之间虽然有利益冲突，但更多的还是合作。现在全村大市场已经发展到一定程度，再做增量十分困难，而且村民们谁都不让着谁，互不客气，争吵也多了起来。之前北边大哥制定的那套规则摇摇欲坠。

这一时期，村里歌舞升平的氛围开始消散，变得剑拔弩张。

故事讲完了。看完这个故事，你很有可能会心一笑，这不就是"二战"后70多年全球的缩影吗？

第一个阶段，1945—1991年。

因为政治、金融、技术和政策上的各种障碍，这一时期可以说是"半球化"时代，全球的贸易、资金、技术、信息连接主要呈现为点状、线状或者局部网状的结构。

第二个阶段，1992—2008年。

这是全球化的全盛期，这一阶段发生了各种因缘际会，比如：

冷战结束，政治障碍清除，新自由主义成为全球市场的

理论基础;

美元进入信用货币时代,中间击败了日元,并和石油绑定,一家独大;

金融自由化,创新迭出,资源全球配置的深度和广度大为拓展;

企业纷纷对外投资,跨国公司实力壮大;

信息技术突飞猛进,世界开启了无障碍交流的互联网时代;

……

这一切都在证明一个事实:世界是平的。

第三个阶段,2008—2018年。

这是一个奇特的过渡阶段。一方面,资本和技术跨越山海、时间等阻隔,将世界连接成一个极其紧密的网状结构;另一方面,全球贫富差距拉大,美国单一霸主地位遭遇中国经济"超大规模性"[1]的冲击,实力对比发生变化,这些变化在无形中改变了整个世界的思潮和政治格局。

第四个阶段,2018年至今。

新冠肺炎疫情似乎改变了一切。可是我们知道,疫情不过是历史的一个注脚。那些分崩离析早已在酝酿,只不过在疫情

---

1 施展:《枢纽》,广西师范大学出版社2018年版。

的催化下,露出了残酷的真实面目,国际、国内皆然。比如:

> 疫情的急刹车,让那张脆弱的网状结构出现了裂痕,如一面镜子般,照出人性、制度、社会秩序之间的断层,文明的冲突以一种不可逆的姿态出现在人们的生活中;
> 在几代人记忆中都已面目模糊的通胀卷土重来;
> 突如其来的地缘政治危机,裹挟着战争、安全、能源、物价,像一团乱麻一样,绑缚和牵扯着整个世界;
> ……

不管我们承认与否,鲜花着锦的"全球化"正在被有限连接的"岛链化"所取代。世界不再是平的,但世界也不存在孤岛。如果说主权国家之间的博弈竞争是锋利的岛屿边缘,那么全球贸易、金融市场、产业分工和信息流动就是密布的链条,将世界连接成一个复杂的有机体。只要链条牵动,任何一个大国的伤口,都会让其他国家的人感到疼痛。而且,因为秩序失衡,岛屿犬牙参差,我们会不停地感到疼痛。

这将是个疼痛常在的岛链化大时代。

第一章

岛链化时代

未来的时代将与我们有生之年所经历的时代完全不同。

——〔美〕瑞·达利欧

这个世界怎么了

三个故事

2022年，我碰见的最多的问题是：这个世界怎么了？

第一次是3月份，我接到Alex的邮件。Alex是一个在乌克兰长大的俄罗斯人，是我在加拿大念书时认识的朋友。当时我在麦吉尔大学读博，算是一个穷学生，想去多伦多玩，便在网上找carpool（拼车）。一对年轻夫妻接了我的单，路上他们一直播放迈克尔·杰克逊的歌。

那是2009年6月底，迈克尔·杰克逊刚去世，加拿大几乎所有报纸——对，那还是一个报纸很常见的年代——的头版都是关于他的消息，毒品、阴谋、隐私、金钱，各种传闻满天飞。

我们就这么聊了起来。在聊天中，我得知丈夫叫Alex，是在乌克兰长大的俄罗斯人，妻子叫陈颖，山东人，两个人都在麦吉尔大学读MBA（工商管理硕士）。我一路和Alex聊得十分投机，两个素昧平生的陌生人，人种不同，肤色迥异，故乡相隔万里，居然拥有极其相似的青少年记忆：迈克尔·杰克逊、辣妹组合、后街男孩；意甲、英超；乔丹、奥尼尔；汽车人、万磁王、漫威英雄……当时那种感受挺奇特的,好像时空在我们中间消失了一样,两个平行世界在此刻交汇。

后来我毕业回国,Alex夫妇毕业后去美国加州做电子元器件贸易,我跟他们偶尔会有点联系,知道他们中国、美国、欧洲几头跑,生意规模很大。

2018年,中、美发生贸易摩擦,Alex夫妇的生意受到了很大冲击。Alex打电话给我,情绪特别激动,大骂特朗普是个疯子:"Crazy!"

2020年年初,新冠肺炎疫情暴发,我又收到Alex的邮件,他说陈颖到比较闭塞的美国中部出差时,因为是亚裔面孔,在街上被人追骂。Alex说,这是十年来,他们第一次碰到这样公开和激烈的"种族歧视"。

2020年年底,陈颖的爸爸病重,陈颖费尽心思搞到一张机票,刚落地不久,老爷子走了。陈颖在青岛给我发了一条微信:"我没爸爸了。"我沉默很久,不知道怎么回答。

2022年3月,俄乌战争爆发的两周后,我才知道,Alex有乌克兰的家人因此受伤。

从某种意义上说,Alex就是全球化的投影:他是美国国籍,在加拿大求过学;他是俄裔,也是乌克兰人;他还是中国人的丈夫,在中国、美国和欧洲做生意。但是过去几年,他发现世界变得越来越陌生。所以,他在2022年的春天问我,这个世界怎么了?

春天的时候，我回答不了Alex的问题；秋天的时候，我也回答不了石头的问题。

石头是北美一所顶尖大学的教授，也是华人学术圈最优秀的学者之一。我们在博士还没毕业时就认识了，从博士生到"菜鸟青椒"（新手大学青年教师），一在各种学术会议上碰到，我们就呼朋引伴出去喝酒，在八卦和吐槽中年学术大佬们的快活气氛中，建立起惺惺相惜的战友情谊。我回国后，每年他从国外回来，不管多忙，我们都会约着一起吃饭、喝酒、八卦、做研究。

2022年6月，我因为疫情到三亚"养码"[1]写稿，突然接到石头的微信，他说准备回国看他妈妈。我这才突然意识到，从2019年夏天的中国国际金融年会算起，我和石头居然已经有三年没见面了。他说，自从2020年父亲过世后，母亲的状态就一直不好，本来想着等疫情结束后再带孩子回来陪她一阵子，谁料一拖就是几年。今年母亲恳求他回来，想看看他。80岁的老太太，话说得有点儿哀伤："俺这身体，不知道能不能赶上疫情结束看到你。"

石头没法抗拒这种召唤，下决心开始漫长的回乡之旅，其间他几次告诉我，在这里那里隔离。我当时正忙着自己的年度演讲和各种新项目启动，实在太忙，没顾得上多问，只是模糊

---

[1] 在疫情风险等级为低风险的地区住7天及以上，以消除国内通信大数据行程卡上的到访地记录。

地知道他折腾了很久才见到母亲,算是圆了心愿。

9月初,我突然接到石头的电话,他说正跟几个兄弟在一起,让我出去喝一杯,三天后他就要回北美了。我大惊,套件衣服刚准备出门,北京突然狂风暴雨,电闪雷鸣。

男生们说,你别动了,我们到你家里来喝吧。我把儿子哄睡着,胡乱在网上买了点零食,开瓶酒,凑了几个杯子。大家见面先是调侃,"有人上次见面还是三十多岁,再见面已经是四十多岁了",然后互相吹捧,"你怎么也不见老"。谁都知道这是白色谎言,但说的人真诚,听的人也入心。

就着花生米、瓜子,大家边喝边聊,学术八卦、各自生活、未来打算……我忍不住微笑起来。十多年过去,大家都在不同的道路上成长为所谓的"精英",但把岁月的昂贵皮肤揭开,还是瞬间回到了又贫穷又快活、又聪明又自负、又志得意满又满腹牢骚的年轻时代。

我问石头,这次怎么回来这么久也不见呼朋引伴,我以为你陪老母亲住院,承欢膝下呢,所以没有打扰。

这个话题一打开,房间里瞬间沉默了十多秒。石头挠挠已经开始稀疏的头发,说自己从6月启程到见到妈妈,一共花了7周。中间经历了入港、入深圳,以及因深圳隔离酒店紧缺,等待入住等诸多事情,最后终于一路北上回乡。好巧不巧,深圳中高风险区"遍地开花",他又上了疫情防控"黑名单",加上医院的防控措施更加严格,等真见到妈妈的时候,已经是8月初。而两个女儿9月中旬开学,他必须在这之前赶回去。他前后买了三次机票,航班都被突然取消,最后终于买到机票,要从北京飞到上海,再到成都,再飞新加坡转机回美国。如果顺利,差不多要花一周时间。

算下来,他陪妈妈的时间总共也就半个月,而闺女已经快三个月没见到爸爸了,自己的学术研究也拖了三个月。回去后,他得马不停蹄地赶到加拿大、瑞士、美国等,参加五六个线下学术研讨会。他无可奈何地笑着说,你知道的,做我们这行的其实很孤单,线下会议是为数不多的社交场所,几个月不参会,世界很容易变得沧海桑田。所以,我想着无论如何都要在回去之前跟大家聚一次,下次见面就不知道是什么时候了。

有人岔开话题,说聊聊现在学术界讨论的热点吧。大概从2012年、2013年开始,随着中国经济体量的"量变"和移动互联网行业的爆发式增长,中国的增长模式、影子银行[1]、国企改革、金融市场的股权质押等引起了全球学术圈的广泛关注。我问现在海外学术圈对中国话题的讨论情况,石头想了一会儿说,好像最近大家不怎么关注了,注意力更多地集中在数字货币、开放银行、通货膨胀、气候变化、社会福利这些更具全球共识的问题上。

话题终于回到了全球共识,屋里的气氛瞬间开朗。我们就

---

[1] 影子银行,指游离于银行监管体系之外,可能引发系统性风险和监管套利等问题的信用中介体系(包括各类相关机构和业务活动)。

"开放银行到底会不会增加社会福利"的话题争论了半天,多少有点凹造型式的热切。

风停,雨住,夜深。酒见了底,一大包瓜子也嗑光了。第二天早上还有要送孩子上学的,开早会的,赶飞机的——中年人的聚会,不再是信马由缰地自由奔驰,最多也就是背负驼峰的偶然停歇。据说马的奔跑时速是五十多公里,但只能坚持四五个小时;骆驼奔跑的最高时速不过四十公里,日常的行走时速是十五到二十五公里,但它不眠不休持续行走一百个小时都没有问题。

该散了。石头突然说:"如果可以穿越时空,回到十年前看今天的世界,像不像一个元宇宙?"我瞬间恍惚。

送他们出门,各自打车回家,我一个人站在9月初凉的北京秋夜里,抬头看暗如漆染的天空。一场狂风暴雨过后,天空宁静澄澈,星星若隐若现。我心里涌出万千思绪,却也无从说起,呆立了半天,还是裹紧衬衣往家走。

从9月底开始,出入北京变得越来越困难,要么买不到票,要么面临健康宝弹窗的风险,因此,整个9月,我索性窝家里看文献、写稿。9月6日晚上,一个在华尔街工作的朋友突然给我发了一条微信:"这边通胀太吓人了。"

当时华尔街连续几天股价大涨,我正琢磨是不是通胀有回落迹象,但从公开数据上看不到相关信息。于是我赶紧回复:"多大压力?是对普通人的生活,还是对资本市场、资产定价有压力?连你这个收入阶层的人都会感受到冲击?"作为一个年收入四十多万美元的人,他处于美国收入金字塔塔尖的1%,是标准的高收入阶层。

他回我:"只要是工薪阶层都会感受到冲击。房贷利率从3.33%涨到6.75%,房贷支出翻番不止,去餐馆吃顿饭价格都涨了50%~70%。就是不停地涨,觉得压力很大。"

我问:"那中低收入家庭怎么办?"

他回:"这就是问题所在。这边福利好,大家都不存钱,一旦有问题,政府压力最大。最后要么央行发钱,要么财政负担,但是终归都会反噬到通胀上。"

我继续问:"有朋友说目前更好的办法是让财政紧一点[1],这样央行加息可以稍微缓缓。因为如果财政松,央行就得紧下去,通胀更没法控制。"

他回:"没法子弄,政治家们不敢赌。这边大家没储蓄,会闹。"

"可是这么通胀下去,人们生活质量下降,还是会闹啊!"

"对,感觉像一个死结,不可能同时完成保就业、压通胀、防衰退三项任务,典型的'不可能三角'。欧洲那边更麻烦,各种成本上涨得太快。"

"怎么办?"

半天他才回了两个字:"凉拌。"

---

[1] 指减少财政支出,通俗来说就是不给居民大量发钱。

似乎确实只能"凉拌"——毕竟通胀问题已经40年没有出现在主流经济学家的关注圈里了。对于成长于20世纪70年代的经济学家和政策制定者来说，通胀的传导机制和黏性，对资本市场、劳动力市场和企业利润的影响，以及市场的后续演变，都是未知数。尤其是当前的通胀还叠加着疫情冲击下的劳动力问题，以及地缘政治风险下的能源问题、供应链问题，情况复杂微妙，不管是学界还是市场，很难统一共识。

唯一的共识是，长期的大通胀将会彻底卷走普通家庭的财富，导致极端社会情绪，刺激极端政治势力和文化现象出现，所以，长期的高通胀大多伴随着剧烈的社会制度或者社会结构的变化。比如20世纪70年代美国的大通胀引发了能源危机和高失业率，导致人民反战情绪高涨，刺激了文化和经济上从保守主义向自由主义的转变。在更早的年代，1919—1923年，魏玛共和国物价上涨了4815亿倍，纳粹势力借机上位，在德国的扩张一发不可收拾，就此揭开了"二战"的序幕。

历史和未来都不能假设。所以，没有人知道，这次是不是会不一样。

这个世界变了

2022年1月，瑞·达利欧说："未来的时代将与我们有生之年所经历的时代完全不同。"大约200天后，73岁的达利欧辞去了桥水基金联合首席投资官的职位。

2022年7月8日,日本前首相安倍晋三被人用一支疑似3D打印的枪击中,当场死亡,享年67岁。2022年8月30日,苏联最后一任领导人戈尔巴乔夫因病去世,享年91岁。2022年9月8日,英国女王伊丽莎白二世在苏格兰的巴尔莫勒尔城堡去世,享年96岁。

9月8日晚上,从八九点钟开始,数亿中国普通百姓紧张地在互联网上不断刷着关于一个年过耄耋的外国老妇人的点滴信息——这是2022年中国社交媒体上最奇特的一个场景。这个场景,我们似曾相识:两个月前,美国国会众议长佩洛西窜访我国台湾地区那一夜,庙堂江湖、城市农村、课堂酒肆,各处都弥漫着焦灼又亢奋的气息。而这一夜的场景,与两个月前虽然相似,但情绪完全不同,这次刷屏,是对那个熟悉的"旧世界"的缅怀和追忆。

从1926年到2022年,伊丽莎白女王经历了人类历史上最风云激荡的一个世纪:旧帝国衰落与新帝国崛起,战争与革命,权力的交替颠覆,技术的突破迭代。

1926年,女王出生的那一年,正是"日不落帝国"300年殖民体系摇摇欲坠的时刻。那一年,英国承认自己属下的自治领[1]在内政和外交上均获得独立。5年后,这些国家以平等独立国家的身份组成了英联邦。

---

[1] 指英国的自治殖民地。

1952年，不到26岁的伊丽莎白二世继承父亲乔治六世的王位，成为英国温莎王朝的第四代君主。从青丝到白发，从青葱变耄耋，她的王权持续了70年。其间，她经历了15位英国首相，14任美国总统，31位日本首相；经历了战争与和平；经历了电力时代，网络时代，数字时代；经历了金本位，美元—黄金体系，主权信用货币，数字加密货币；经历了美苏争霸，苏联解体，日本经济起飞和停滞；经历了美国从独大到衰落，欧洲共同体从合合到分分；更经历了积贫积弱的中国从社会主义改造到改革开放，再到跃居为全球第二的"世界工厂"。

她的王冠和权杖上承载的是君主立宪制的历史传统，但她面临的却是一个从顺从到平等、从继承到颠覆、从帝国到联盟的世界。她背负着旧世界权力之巅的骄傲与尊严，要从日不落帝国的余晖里走出，去开创新世界，又要在新世界的剧烈变化中守住传统的最后堡垒。

1945年，她成为第一位参军的王位继承人。

1954年，她成为第一位踏上澳大利亚土地的在位英国君主，导致澳大利亚当时70%的人口蜂拥到街头。

1957年，她首次通过电视媒体向全世界直播圣诞致辞，邀请摄影师近距离拍摄自己的照片，将王室的神秘面纱褪下，从此引发了全球消费市场上的"王室效应"。从这个意义上说，女王是最早的MCN（网红经济运作）推手，将英王室转型改造成英国社会的图腾。

1986年，她开启了历史上首次英国君主的访华之旅。之后几十年，她成为出访海外最多的英国君主。

1993年，女王开始缴纳个人所得税，废除了很多花销巨大的盛大仪式，进一步推动王权向民权的转化。

2003年，她主导制定的《王位继承法》规定，继承权与继承人性别分离，保证性别平等。

2007年，她在YouTube（油管）上开通了王室频道。2014年，她在Twitter（推特）上发布了第一条推文。2010年，她又加入Facebook（脸书）。2019年，她发布了她的第一条Instagram（照片墙）帖子。为了"吸粉"，她还聘请了社交媒体运营官。

2020年，她表示对区块链产生兴趣。

无论是波普尔的开放体系还是达尔文的生物演化，都在告诉我们，跟随历史变化，向现实妥协，适应环境求生存的机构和制度最具生命力。在帝国衰落、权力肢解的历史潮流中，女王以非凡的个人魅力和智慧，向世界展示了英国政治体制中最精髓的部分——妥协。

可惜的是，2022年是一个女王不再熟悉的世界，这个世界正在以狂热理想代替理性现实，以激烈对抗代替温和妥协。女王去世的那天晚上，我写下了一句话："但愿女王的离去，不是全球政治现实主义的结束。"

2022年即将结束，我依然不知道这个世界怎么了，但我知道，我们这代人可能需要一些新的视角和新的世界观。

那时候世界是平的

2022年，塞缪尔·亨廷顿的著作《文明的冲突与世界秩序的重建》[1]不断被提及。我大概是在14年前读博时看的这本书，当时印象很深，感受也很复杂。

一方面是那种醍醐灌顶式的强烈认同。比如，亨廷顿认为文明是人的最高文化归属，是人区别于其他物种的根本，所以现代化不同于西方化，它既不会形成任何意义上的普世文明，也不会让非西方社会西方化。他还认为，文明之间在进行"新旧势力更替"，西方文明的"核心度"在下降，非西方文明（包括中国文明、日本文明、印度文明、伊斯兰文明等）在重新肯定自身的文化价值。

这确实是我们这批2000年之后出国的留学生的强烈共识，从某种意义上说，"海归潮"也是这种"重新肯定自身的文化价值"的体现。当年我读到这里的时候，就像用惯铜镜的人突然在水银镜子[2]里清晰地看见自己的脸，既惊且喜。

---

1 〔美〕塞缪尔·亨廷顿：《文明的冲突与世界秩序的重建》，周琪等译，新华出版社2010年版。
2 即现在生活中常用的玻璃镜子。

另一方面，对于书中另一个著名的金句式论断——"中国不是一个国家，而是一个伪装成国家的文明"[1]，我的观感则是半红半黑。当年太年轻，只是直觉上感觉这个论断听上去很美却有点不对劲。直到最近几年读欧洲史，我才慢慢理解，这是一个典型的西方视角下的判断。在西方文明话语体系中，"民族国家"的概念出现得很晚，欧洲人的"国家"是在大航海时代之后，围绕着远洋贸易、融资等活动形成的利益共同体，然后通过税收、社会福利等民主权利博弈而慢慢建构的共识。这一点和中国早熟的政治体制完全不同。

从4000年前的夏、商，到2000年前的秦、汉，中华文明的建构始终以国家为母体。在这个过程中，神权被君权所凌驾，个人讲究"修身齐家治国平天下"，"身后名"是士大夫的最高精神追求。自有文字以来，中国的所有文化价值观都是以"国家"为边界的。所以，我们不是一个伪装成国家的文明，而是一个具有强国家属性的文明。更准确地说，我们就是一个国家文明。这和西方主流话语体系中"国家即政权或者地区，文明是文化和精神部落"的锚定迥然不同。

因为当年对这个问题没想通透，所以在看到"文明的冲突"这一部分时，我的内心是抗拒的。亨廷顿认为，从宏观层面来说，由于历史上的冲突遗产、仇恨记忆（比如中日矛盾、印巴

---

[1] 《文明的冲突与世界秩序的重建》一书中引用的卢西恩·派伊的评论：China is a civilization pretending to be a state。

冲突），或者人口比例的巨大改变（比如欧美、东亚生育率的持续下降和非洲、伊斯兰文明生育率的持续上升），以及随之产生的政治、经济和社会内部压力，**势均力敌的文明之间的撕裂和冲突在所难免**。

在这个论证逻辑下，他的结论是，不论中国和美国之间存在多么紧密的经济联系，根本上的文化差异都将导致中美对抗无法避免。这个结论是在20世纪90年代中期，中国经济体量不足美国十分之一的时候提出来的，而我看到这个结论则是在2008年。

2008年是一个什么样的年份呢？

这一年，金融危机席卷全球，各国政府尽力协同灭火，中国政府的"四万亿"刺激政策托住了全世界的需求之锚。这一年，中国的汶川地震和北京奥运会，淋漓尽致地展现了中华民族在苦难和辉煌中爆发的强大能量。

这一年，全世界开始进入一个中美共生的时代。英国著名历史学家尼尔·弗格森创造了一个新词——中美国（Chimerica）；美国著名战略家布热津斯基强调，中美之间建设性的相互依存是全球政治和经济稳定的重要根源；美国最具影响力的政治家之一基辛格则呼吁中美两国应建立一种"命运共同体"结构，将两国关系提升到类似"二战"后跨大西洋关系的高度。

2008年是"全球化"这个概念最如日中天，也是中国重新以经济超级大国的角色打开历史新帷幕的时刻。那个时刻中国人的心理状态，大概可以用托马斯·弗里德曼的畅销书《世界是平的》[1]中的一段话概述：

> 人类历史上从来没有这样的时刻：越来越多的人会发现他们能够找到越来越多的合作对象和竞争对手……人们的机会将越来越平等。将他们联系在一起的是电脑、电子邮件、网络、远程会议和各种新软件……世界在变平这一事实意味着，我们将地球上的各个知识中心统一到了一个单一的全球网络中……全球化将竞技场夷为平地。

托马斯的观察没有错，2008年前后确实是自1990年以来世界最为平坦的时刻。

从经济上看，全球的平均关税税率从1990年的14.29%下降到2007年的6.41%，下降幅度高达55%；同期，全球进出口贸易总额占GDP比重从38%上升到50%，区域贸易优惠协定数量从22个上升到163个，涨了六倍不止；国际游客数量从4.36亿人次上升到9.03亿人次，海运贸易的货物量从40.08亿吨上升到80.36亿吨，人流、物流都前所未有地在全球流动着。

从政治上看，国际社会的协同合作正处于蜜里调油的时期：

---

[1] 〔美〕托马斯·弗里德曼：《世界是平的》，何帆等译，湖南科学技术出版社2006年版。

全球央行联手对抗金融危机，同步降息，刺激经济，稳定市场，银行监管国际标准迅速达成一致；在《联合国全球反恐战略》决议的框架下，美国和俄罗斯甚至联手进行了"警惕之鹰"反恐军事演习。

从文化上看，从麦当劳到星巴克，从《星球大战》到《变形金刚》，从迈克尔·杰克逊到乔丹，从大兵瑞恩到"傻子"阿甘，美式生活方式和价值观，与庞大的资本一起，以绝对张扬的姿态席卷全世界各个角落。

2008年的我是一个全球化动物，对"多元""融合"这些词语有着天然的好感，很难接受"冲突是文明崛起和衰落的宿命"这种观点。当时看书看到这里，未免气闷，随手将书塞回书架。直到今年俄乌战争之后，看到金德尔伯格和吉尔平的"霸权稳定论"[1]，我才恍然想起当年看过的亨廷顿的著作。虽然金德尔伯格和吉尔平的出发点是亨廷顿认为"没那么重要"的国家政治结构，但殊途同归，他们讲的本质上都是全球不同社群之间的权力博弈。

2008年，恰好是这种博弈承上启下的逢魔时刻。

---

[1] 霸权稳定论认为，当一个民族国家是世界主导力量或霸权国家时，国际体系更有可能保持稳定。

霸权与稳定

2022年2月,俄乌战争爆发,一些零碎的历史镜头深深地刻在了我的脑海里。我不知道它们究竟意味着什么,但我能直观地感受到,这些镜头将会在未来的历史书里反复出现:

在制裁俄罗斯的问题上,瑞士放弃了长达200年的中立立场。

一家乌克兰的NFT(非同质化代币)交易平台DMarket冻结了俄罗斯和白俄罗斯用户的账户,直接将他们的私人财产450万美元捐给了乌克兰军队。

美国财政部宣布冻结俄罗斯中央银行的3000亿美元外汇储备。

这些看似不可能发生的事情,都在人们的眼皮底下发生了。我突然发现,经济、金融逻辑在政治意识形态逻辑面前如此不堪一击,对当今世界的理解,可能要回到政治与历史中去寻找答案。

好朋友广陵给我推荐了金德尔伯格的《1929—1939年世界

经济萧条》[1]和吉尔平的《全球政治经济学》[2]。我一边读书，一边翻看历史数据。大概在4月，我看到了图1-1——过去200年全球进出口贸易总额占世界总GDP的比重。我盯着这张图看了很长时间，金德尔伯格和吉尔平书里的五个字"霸权稳定论"像闪电一样划过我的脑海，我在过去几年感受到的撕裂、纠结、分化，在这一刻突然找到了归宿。

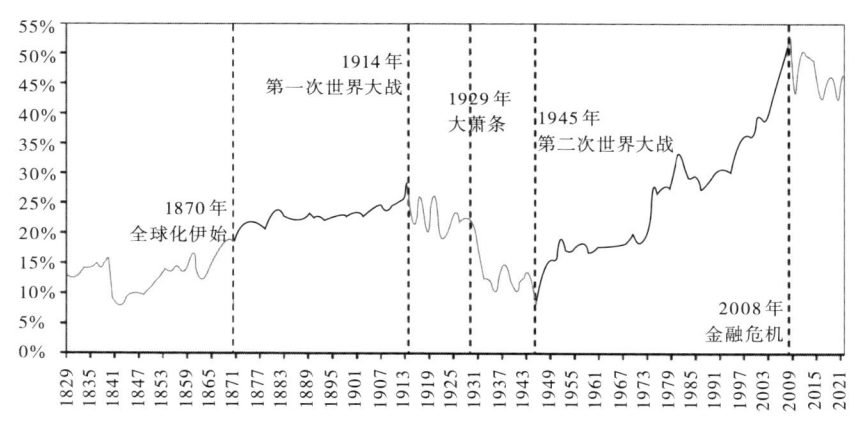

图1-1 过去200年全球进出口贸易总额占世界总GDP的比重[3]

这张图清晰地告诉我们，在过去的200年中，两次全球化黄金期都对应着单一霸主时代。

1870年到1914年是全球化的第一个黄金时期，这一时期恰

---

1 〔美〕金德尔伯格：《1929—1939年世界经济萧条》，宋承先、洪文达译，上海译文出版社1986年版。
2 〔美〕罗伯特·吉尔平：《全球政治经济学》，杨宇光、杨炯译，上海人民出版社2006年版。
3 数据来源：Fouquin and Hugot，世界银行官网。

好是"日不落帝国"英国的鼎盛期。

1914年以后，全球化进入长达三十余年的下行期。1945年，全球化几乎回落到1850年的水平。

1945年到2008年是全球化的第二个黄金时期，其中1991年到2008年是一个超级时期，全球化的速度是20世纪初的3.88倍。[1]这两个阶段又分别对应着美国接棒英国成为全球头号经济强国，以及美苏争霸结束，美国实现政治、经济、文化的全面单一霸权。

2008年开始，全球化出现了长达十几年的下行，即使2021年比2020年有所回升，也只恢复到了2005年前后的水平。

回想自己成长的年代，我突然明白了为什么我所感受到的世界从来都是平的。因为那是一个迅猛上行的全球化时代，全世界都遵循同一种全球秩序，国家之间的摩擦冲突更多地被合作协同所取代。

很多人觉得，"全球秩序"是一个抽象的概念，与自己无关，其实不然。表1-1中有很多我们熟悉的大词，比如联合国、北约、G7、G20、布雷顿森林体系、国际货币基金组织、关税及贸易总协定、WTO、TPP等——这些都是全球秩序。今天社会、生活的正常运转，与这套秩序密切相关。比如，个人出国旅游、购买进口商品、给在海外读书的孩子汇款的背后，是国际航空过境协定、WTO的各种双边协议、跨境支付结算服务协

---

[1] 数据来源：Fouquin and Hugot（CEPII2016）。

议[1]，等等。国家和企业需要的全球秩序就更多了，比如全球反黑、反洗钱，"9·11"事件后的全球反恐，金融危机后各国央行采取的措施，以及近两年大热的减碳减排……这些都是全球秩序的一部分。

按照国际政治学的说法，这些贸易秩序、金融秩序、安全秩序被统称为"全球公共品"。这种"公共品"，就像城市背后的电缆、水管、网络等基础设施一样，虽然看不见，可一旦出问题，城市生活会立马陷入混乱。

表1-1 全球秩序

	机制/协定	组织/机构
贸易秩序	关税及贸易总协定（GATT）、跨太平洋伙伴关系协定（TPP）、区域全面经济伙伴关系协定（RECP）、美墨加协定（USMCA）	世界贸易组织（WTO）、欧洲联盟（EU）、亚太经济合作组织（APEC）、石油输出国组织（OPEC）、南亚区域合作联盟（SAARC）、东南亚国家联盟（ASEAN）
金融秩序	布雷顿森林体系、《牙买加协定》、石油美元体系、《广场协议》、《巴塞尔协议》	国际货币基金组织（IMF）、世界银行、国际清算银行、经济合作与发展组织（OECD）
安全秩序	国际法、《大西洋宪章》、马歇尔计划、五眼联盟、七国集团（G7）、二十国集团（G20）、《不扩散核武器条约》	联合国、欧洲联盟（欧盟）、北大西洋公约组织（北约）、华沙条约组织（华约）

1　主要指SWIFT，国际资金清算系统。

贸易秩序

1914年之前，英国是全球公共品的提供者。比如维护金本位制度，将英镑与黄金挂钩，让英镑充当实际上的世界货币；比如耗费巨资建设穿越大西洋的海底通信电缆；比如英国海军带头扫荡海盗，推行公海自由和贸易自由理念，确立全球航运新规则，花费数年探测世界未知海岸线和海底水深，绘制出世界航海图册；等等。

1914年到1945年这段时间则是权力真空期。实际上，美国在1894年已经取代英国，成为世界经济体量第一的国家，拥有庞大的统一市场和超强的生产能力。但是，美国骨子里带有强烈的孤立主义倾向。所谓孤立主义，就是自扫门前雪，绝不做雷锋。金德尔伯格认为，"一战"爆发就是因为当时英国国力衰退，维持世界秩序很吃力，而美国已经是世界第一经济强国，却不愿意承担大国的责任，为世界提供公共品。

霸权国家负责制定和维持全球秩序，并从中获取利益，同时良好的全球秩序促进经济增长，反哺霸权，形成一种正向反馈机制，世界因此得以出现较长时间的经济繁荣和社会稳定——这是"霸权稳定论"的核心。所以，如果霸主没有能力，或者觉得维持现有秩序不是一个划算的买卖，就会导致全球公共品匮乏，稳定必然会受到挑战。

1945年，"二战"结束后，因为在经济、政治、货币、军事等各个领域已经处于绝对优势，美国开始承担提供全球公共品的责任。不过对于美国这种在政治上孤立主义、在战略选择上现实主义的国家来说，提供全球公共品的前提非常清晰：**美国优先，美国利益优先。凡事要合算才干。**

1947年，在日内瓦讨论战后贸易秩序时，美国贸易代表克莱顿是强硬的自由贸易派，要求全球各国降低关税、降低贸易壁垒、取消歧视待遇，还把援助欧洲的马歇尔计划和多边自由贸易联系起来，不推行自由贸易就不给援助。通过这种胡萝卜加大棒的"又打又摸"，美国把关税及贸易总协定，也就是后来的WTO的基本框架定了下来。

20世纪四五十年代，美国是全球最大的工业生产国，需要庞大的市场，所以对全球贸易秩序的核心诉求是自由贸易。但从20世纪70年代开始，在日本制造业一日千里之后，美国开始频繁对日本启动"301条款"——这是一个充满贸易保护主义色彩的条款，意味着美国可以针对外国损害本国利益的行为采取单边制裁。至于什么是损害美国利益的行为，美国说了算。

20世纪80年代到90年代，美国和日本之间则上演了一场经典博弈——芯片战争。到20世纪80年代中期，日本半导体产业已经占据全球市场份额的40%。尼康和佳能的光刻机、信越化学与胜高的硅晶圆、富士通的64K内存，几乎都占据了各自领域的全球半壁江山。而AMD（超威）、英特尔、美国国家半导体公司等著名美国芯片公司，和曾经的美国汽车企业一样，面临利润暴跌、大批裁员的巨大压力。因此，它们开始了对华盛顿的游说。

经过几年努力，美国的芯片行业保护战取得了决定性胜利。1985年，美国抓住东芝出口高性能机床给苏联这件事，开始对日本半导体行业实行制裁。1986年，美国强迫日本签署《美日半导体协议》，规定日本芯片只能限价出口美国，同时日本被要求开放半导体市场，保证五年内外国公司能获得20%市场份额。1987年，掌握更多证据的美国痛打落水狗，对日本出口的价值3亿美元的芯片征收100%的惩罚性关税，并否决富士通对美国仙童半导体公司的收购。1989年，美国继续迫使日本签订《日美半导体保障协定》，彻底开放了日本半导体产业的知识产权和专利，韩国三星得以崛起。

在反倾销、市场准入、高关税等一系列大棒的打压下，日本半导体产业从1986年占全球40%的比重，一路跌跌不休，直到2011年的15%，三菱、富士通、瑞萨电子都将其芯片业务剥离。到21世纪20年代，曾经辉煌一时的日本半导体行业几乎已经被遗忘在历史的尘埃里了。

从自由贸易到贸易保护主义，只有一个理由——美国从顺差国变成了逆差国。顺差出口多，全球市场越开放，贸易越自由，挣钱越多；反之，逆差进口多，提高进入的壁垒，保护本国企业和厂家，当然更合算。

金融秩序

比贸易秩序更容易赚钱的是金融秩序。

《广场协议》[1]就是经典案例。1980年前后,日本是全球最大的贸易顺差国,通过出口积累了大量财富。这些钱基本上都买了美元资产。当时日本人在全球买买买,疯狂购买美国的房产和企业,连高尔夫球场、棒球队、高档酒店都不放过。巅峰时期,日本拥有美国约10%的资产。

1985年,美国召开包括法、德、英、日在内的五国会议,提出日本这么大的贸易顺差,是因为日元被过分低估,导致美元被高估,这对美国厂商不公平,不利于美国出口,因此要求日元升值。考虑到美国军队还在日本本土驻扎,日本表示同意。签订《广场协议》后的一年内,美元兑日元的汇率从1∶262下降到1∶200,也就是说,美元贬值了36%。日本人辛辛苦苦攒下来的财富,一眨眼工夫,就减少了三分之一。更严重的后果是,为了抵销出口下行带来的增长压力,日本政府实行了宽松的货币政策,全社会开始疯狂"加杠杆",以房产为代表的资产泡沫一发不可收拾,直到20世纪90年代泡沫破灭。自此,日本的经济总量再也没有回到巅峰时期。

这意味着,当拥有可以改变游戏规则的绝对实力时,维护

---

[1] 20世纪80年代初期,美国、英国、日本等五国在纽约广场酒店签订的协议。当时美国对外贸易逆差大幅增长,财政赤字加剧。为了缓解收支不平衡的状况,美国希望通过美元贬值来增加产品的出口竞争力。

秩序就是一门一本万利的好生意。

1945年到1991年，美国是世界头号经济强国，也是西方世界的领头羊。1991年冷战结束后，美国更是在政治、军事、文化、科技等各个方面达到巅峰，单一霸权地位无可撼动。所以我们会看到，1991年到2008年金融危机爆发前，是全球秩序最稳定的高增长繁荣期。

这一时期，美国积极支持中国加入WTO，中国由此快速崛起为全球最大的工业制造国，向世界提供价廉物美的商品。中国强大的生产供给能力，成为世界通胀的压舱石。美国也进入了著名的"大缓和时代"：高增长，低通胀，高就业。同时，随着经济水平的上升，中国又快速成为世界最大的消费市场，源源不断地为美国品牌输送"利润"。

美国热心于维持全球秩序，并从秩序中获得巨大回报。与此同时，良好的全球秩序也促进了美国经济的平稳发展。

2008年，中国打破了这一稳定状态。

北京大学国家发展研究院的宋国青教授精准的宏观预测，曾经是资本市场上一道亮丽的风景。他对宏观拐点的判断既稳且准。2003年，他说了一句名言："（中国资产）除了狗屎和债券，现在什么都可以买。"当年听进去这句话的企业家、投资人，现在都赚得盆满钵满。2008年暑假，我回国见他，问起关于宏观预测的秘诀，他笑着说："你把握一条原则就够了——中国调控全球。"

这句话听着高调，其实是一个简单的事实：中国体量大，增速高，一举一动都会对全球经济产生影响。**中国扩张，全球经济就会往上走；中国收缩，全球经济就会掉下去。**

后来，我在施展的著作《枢纽》里看到了"超大规模性"这个词，又想起十多年前宋国青教授的话，忽然脑子里"嗡"的一声，豁然开朗。施展说，"超大规模性"是指一件事情的规模大到一定程度后，会影响甚至改变事情本身，变成自变量。作为自变量，在秩序中，你的活动可以对整个秩序产生实质性影响，甚至重新定义秩序。比如一个游泳池，要是一个人跳进去，那它就是游泳池；但如果把一头鲸鱼扔进去，它就不是游泳池，而是鱼缸，因为鲸鱼的体量重新定义了这个游泳池。

从20世纪90年代开始，中国的超大规模性不断延展。中国首先是成为世界工厂，在全球工业品的供给上具有超大规模性；进入21世纪后，逐渐在全球需求中具有超大规模性，"中国买啥啥贵，卖啥啥便宜"，产生了调控全球的力量。用施展的话说，中国已经成为全球经济秩序中最重要的自变量之一。一颗棋子长成能左右棋盘大小的体量，也会影响棋局本身。一个不以主观意志为转移的客观事实是，2008年，中国的超大规模性已经改变了世界秩序，1991年以来全球的单极格局正在向多极方向发展。

"多极"就意味着多方权力的相互制衡。一方想要改变游戏规则，不再是轻而易举的事，提供秩序也不再是那么一本万利的生意。

安全秩序

其实历史是有蛛丝马迹可循的。2009年，美国开始另起炉灶，希望以《跨太平洋伙伴关系协定》取代WTO，同时狙击WTO争端解决机构的上诉，致使WTO最有特色的核心机制——争端解决机制停摆。在安全机制方面，美国重新把战略重心放到亚太地区，开启了美、日、印、澳四边安全对话机制，有"亚洲版北约"的发展趋势。

所以回头看，当2008年"中美国""G2"这种名词出现的时候，世界格局演进的轨迹就已经有了自己的命运。2018年的中美贸易摩擦，只不过是命运的草蛇灰线伏脉千里，最终做了一次激烈表达而已。

在人类社会的博弈中，"秩序"是一种微妙的平衡。这种平衡如果被打破，就像冰面出现裂缝一样，会不断扩大。一旦碰到外力冲击，冰面很可能会崩裂。

作为欧洲和美国之间的协作框架，北约一直是"二战"后国际安全秩序的基石，也是美式全球公共品的代表。美国是北约的灵魂，为欧洲提供安全保障，欧洲则服从于美国全球战略调整的需要。

在冷战的两极格局中，苏联是北约的明确敌人，共同目标让这个协作牢不可破。

冷战结束后的三十年，恐怖主义是北约的主要敌人，俄罗斯则是关键对手。但是，恐怖主义是一个抽象名词，而俄罗斯的体量和对抗性不足，因此，北约面临着缺乏高度凝聚力和共同目标的状况，逐渐出现懈怠感。尤其是2008年以后，随着世界多极格局初现雏形，北约的角色定位更显现出几分尴尬和模糊。正如以WTO为框架的贸易秩序需要重塑，对美国来说，以北约为基础的安全秩序同样需要变化。

从这个角度回看2022年的俄乌战争，那种迷雾感突然消失了。在美国优先的战略中，霸权从来都是稳定的前提。从2018年的中美贸易摩擦到2022年的俄乌冲突，都是失序与秩序重构的历史演进。2020年的新冠肺炎疫情是一个意外，但它并没有改变，只是加速了这场演进。

历史的必然和偶然，在2022年交会成战争、疫情、通胀，形成了一个危机交织的动荡时代。

> 你挥一挥手正是黎明之前的寂静，我终于没能看清你那一瞬间的表情。
>
> 你挥一挥手正好太阳刺进我眼睛，我终于没能听清你说的是不是再见。[1]

---

[1] 叶蓓《回声》。

第二章

2022 斯芬克斯之谜

人类用沙,想捏出梦里通天塔,为贪念不惜代价。驾驭着昂贵的木马,巢穴一层层叠加。最后啊,却一丝不挂。别害怕,我们都孤寡。

——薛之谦《动物世界》

通货膨胀是美联储的阳谋吗

2022年以来，美国通胀高企与强势美元一直并存。教科书告诉我们，通货膨胀和货币贬值是紧密相连的。美国过去几十年的历史数据也支持这个结论：在通胀上升阶段，美元通常走弱。比如20世纪70年代大通胀期间，美元指数一度从20世纪70年代初的120.55下跌到1973年7月的90.54，跌幅达24.89%；2008年之后，美国的通胀率一度上升到5.6%的高位，同期美元指数从2007年8月的高点81.96下滑至71.31，跌幅达12.99%。

但是，2022年的现实将这个逻辑击得粉碎。

自美国通胀数据在2021年10月、2022年6月相继突破近30年以及近40年的高点以来，美元指数一路狂奔，从2022年年初的95.65上升到9月的114.79，达到历史最高点。自2022年1月以来，全球交易最活跃的31种货币，对美元大多"一泻千里"：截至10月7日，英镑贬值18.03%，日元贬值20.69%，欧元贬值14.35%，瑞典克朗贬值18.9%，一直稳如磐石的人民币也贬值10.13%。

美国通胀会通往哪里？对全球的资产价格和经济格局会产生什么影响？中国会被卷入通胀的漩涡吗？强势美元还会持续

多久？人民币、黄金、数字货币还会继续生活在美元的阴影下吗？这些问题都是2022年到2023年的斯芬克斯之谜[1]。

2022年，美国的通胀有多严重？先来看一个案例。

居住在纽约曼哈顿的温伯格是一个29岁的金发姑娘，她租了一套约40平方米的公寓。2022年8月，她收到一封来自房东的邮件，告知她公寓的房租要从每月1833美元涨到2500美元（约合人民币16800元），涨幅超过36%——这足足占了她月收入的一半多，实在有点难以承受。但是她也不能怪房东"黑心"，环顾四周，确实找不到更便宜的房子了。曼哈顿的平均房价已经上涨到每平方米5441美元（约合人民币34000元），而美国的房贷利率已经达到6.92%。一笔50万美元的30年期贷款，2020年每个月要还的房贷是2068美元，2022年则要还3300美元，足足上涨了60%。

过去20年（2001—2021年），美国的平均通胀率是2.19%，而截至2022年10月，美国的通胀率是7.7%。粗略地说，2022年美国物价的水平相当于前面20年平均物价水平的4倍。拉长时间线来看，2022年是美国自南北战争以来150年历史上，通胀第二高的时期（除了"一战"和"二战"时期）。上一次高通胀就是至今被人们不断提起的20世纪70年代大通胀。

---

[1] 斯芬克斯是希腊神话中一个长着狮子躯干、女人头面的有翼怪兽。它坐在忒拜城附近的悬崖上，向过路人提出一个谜语："什么东西早晨用四条腿走路，中午用两条腿走路，晚上用三条腿走路？"过路人如果猜错，就会被它吃掉。最后俄狄浦斯猜中了谜底是人，斯芬克斯羞惭跳崖而死。

20世纪70年代是全球性大通胀，从70年代到80年代初，持续了10年左右，几乎所有发达国家（英国、法国、日本、联邦德国、意大利、加拿大等）都被卷入其中。当时美国通胀率一直在3%~15%的区间内上蹿下跳，最高达到过14.8%。更麻烦的是，当时不但"胀"，而且"滞"，通胀高企叠加经济停滞，引发了诸多社会焦虑。

这种现象一直持续到1979年保罗·沃尔克就任美联储主席后，才开始转变。

上台不到10天，沃尔克就直接将基准利率从10%提高到了15%。1980年4月，联邦基金利率达到了前所未有的19.96%，从而导致了短期内的严重经济衰退，沃尔克被骂得透心凉。但守得云开见月明，到了1983年，美国通胀率回落到0~5%，经济重回正轨，为之后的"大缓和时代"奠定了坚实的基础。

2021年至2022年这一轮通胀同样是全球现象，尤其是欧美和部分新兴市场国家，通胀率基本都在7%~14%，阿根廷和土耳其甚至超过了70%。从时间来看，本轮通胀是从2021年4月开始的，CPI（居民消费价格指数）从2.6%跳到4.2%，然后一路直线上升，在2022年6月达到9.1%，突破近40年新高。尽管美联储分别在2022年3月、5月、6月、7月和9月大幅加息，但直到10月，通胀率仍然维持在7.7%的高位。

通胀的影响

对所有家庭、企业和国家来说，通胀都是一个沉重的话题。

除了我们平时理解的生活成本、经营成本外，**其实通胀也是社会财富再分配的重要途径**。

从全球范围来说，美联储剧烈加息，全世界资本回流美国，导致其他国家的货币相对美元贬值——人民币比较坚挺，所以大家体感不强。我们可以想象这样一个场景：

2020年，两个土耳其家庭，一家有100万美元存款，买了美国国债，另一家有600万土耳其里拉存款——当时的汇率是1美元兑5.95里拉，所以两家的储蓄大体相当。在接下来的两年中，里拉对美元累计贬值了近68%。两年过去，拥有美元资产的家庭，现在仍然有102.34万美元的财富，而拥有土耳其资产的家庭，手里的财富仅仅相当于32.13万美元，前者是后者的3倍多。再考虑到土耳其高达142.8%的通胀率，这600万里拉的实际购买力还得再低一半。通胀叠加汇率下跌，让两个殷实的家庭走向了完全不同的命运。

如果其他货币对美元贬值趋势持续，就意味着拥有美元资产的人财富增长，没拥有美元资产的人财富受损。此消彼长，相对财富地位就会发生变化。几年累积下来，微观家庭财富地位的变化之大可能远超我们的想象。宏观上更不用说，这可能是全球范围内高达几万亿甚至几十万亿美元的财富再分配，其中会唱响无数个体的哀歌，当然也会有大量套利的机会出现。

另一个更加系统性的问题是潜在的债务危机。一方面，大部分国家的外债是以美元计价的，一旦美元升值，这些国家的债务负担就会随之加重，一些债务负担本来就比较重的国家很可能会发生债务危机。2022年，斯里兰卡、孟加拉等国已经出现了这样的苗头。另一方面，如果未来美国经济衰退开启，全球需求进一步下降，那么新兴市场（比如土耳其、埃及、阿根廷等）发生债务危机的概率更大，很可能引发全球性的资产风暴——到时候，但凡"有产阶级"都很难独善其身。

通胀，尤其是美国通胀引发资产风暴和财富变化的威力，其实大家已经见识到了。比如，美联储大幅加息，导致市场预期经济下行甚至衰退，全球资产价格都暴跌不止。

2022年，美国股债"双杀"，纳斯达克和道琼斯指数分别下挫34%和18%，10年期美债价格则下跌11%。其他资本市场也跌跌不休：越南指数、恒生指数跌幅达30%，沪深300指数跌幅超过24%，德国DAX指数下跌23%，法国CAC40指数下跌18%，英国富时100指数下跌6%。在大类资产上，比特币价格缩水60%，从年初的47700美元下跌到10月的19500美元，黄金和铜的价格分别跌了9%和21%。

从2022年来看，"美联储一打喷嚏，就引发全球感冒"的症状，并没有随着美国经济单一霸主地位的下行而消失，反而变得更加激烈。

20世纪70年代，美国财政部部长约翰·康纳利曾直言不讳地说："美元是我们的货币，却是你们的问题。"[1] 没想到40多年后，不但美元，就连美国的通胀也成了全世界的问题。

说美国通胀是全世界的问题，并不是一种修辞手法，重要的是，理解这句话，可以帮助我们理解通胀从哪里来，未来将往哪里去。

在《熟经济：香帅财富报告3》第七章中，我曾经讲过2021年通胀的成因：一方面，美国天量的货币放水，尤其是居民部门直接拿到的巨额现金补贴刺激了需求；另一方面，疫情对生产和物流造成的破坏导致供给不畅或短缺，但市场需求强劲，商品价格因此上涨。2022年之后，这个逻辑还叠加了俄乌战争带来的能源和粮食危机，这更是在短期内刺激了全球商品价格上涨。

如果进一步分析，我们会发现，这些相对显性的原因都可以算作暂时性因素，美联储如此凌厉的加息政策，应该能较快地控制住通胀——这个判断对未来两年的全球宏观环境、资产配置以及存货管理都非常重要，所以我们需要更谨慎一点。

政府杠杆率

先看一个颇有意思的数据：

---

[1] 1971年布雷顿森林体系解体之际，时任美国财政部部长的康纳利对欧洲各国财政部长讲的话。

美国通胀是从2021年4月开始的（CPI从3月的2.6%直接跳到4月的4.2%），但美联储第一次加息是在2022年3月，当时CPI已经从4.2%跳到了8.5%。即使在这种情况下，美联储也只是犹犹豫豫地加了25个基点。真正严厉的大幅加息从2022年5月开始的，中间隔了整整1年零1个月。

为什么美联储迟迟按兵不动？这是鲍威尔[1]和美联储犯下的"愚蠢错误"吗？

我们从事后看，加息确实有些晚，但从事前看，结论未必这么简单。

过去几年美国大放水，政府借钱给老百姓发钱，政府杠杆上升很快。我们根据"政府杠杆率"的公式简单算个账：

$$政府杠杆率 = \frac{政府债务}{GDP}$$

目前美国国债大约30万亿美元，GDP大约23万亿美元，即美国政府的杠杆率大约在130%，是"二战"以来的新高。国际上通常认为，60%的政府债务率是安全边际，这意味着美国政府面临的一个重要任务是"降杠杆"。

杠杆有两种降法。第一种方法是还债，把分子降低。但说实话，美国政府根本没考虑过这种方法。2021年，美国财政部

---

[1] 美联储现任主席。

部长珍妮特·耶伦就公开明确表示："我们的财政政策旨在确保这些利息支付保持可控。"[1] 换句话说，美国发的这些债，最多付点利息就行了，"还本"从来都不是选项。

第二种方法是把GDP搞上去，把分母做大。中国就是这样干的，搞生产、搞基建，累不说，见效也慢。那怎么办？在这个计算政府杠杆率的公式里，GDP是名义值，其中是包含通胀的，所以，要想把GDP搞上去，有一个好办法——提高通胀率。

北京大学数字金融研究中心的徐远教授做过一个简单的测算。之前美联储的目标通胀率是2%，如果美国保持年均4.5%的通胀率，那么未来5年，名义GDP可以上涨34%。也就是说，政府杠杆率的分母上涨了34%。美国政府杠杆率现在是130%，分母上涨34%，代入公式，我们很快可以得到答案：

$$\frac{130\%}{134\%} \approx 0.97$$

这就意味着政府负债率降到了1以下，回到了疫情前的水平。也就是说，如果未来5年保持平均4.5%的通胀水平，那么过去3年美国大规模的财政刺激、宽松的货币政策导致的债务上涨都会被抹平。一场债务，借了个寂寞。

再往深里想想更有意思：截至2022年8月，美国国债中大

---

[1] 出自2021年1月21日世界经济论坛上珍妮特·耶伦与世界经济论坛创始人兼执行主席克劳斯·施瓦布的对谈。

约有23.59%的比例是外国投资者持有，仅中国就持有差不多1万亿美元。美国一把通胀牌，让全世界替它的财政刺激政策买了单。而且，美国国债只是美元资产的一部分。2022年，外国人持有的美元资产在14万亿美元左右，5年通胀下来，资产涨了3万亿美元，相当于英国一整年的GDP。换句话说，美联储金手指一挥，就挣出了大英帝国举国上下忙活一年的所有成果。

如果你是美联储，你能抵挡这样的诱惑吗？恐怕也难。难怪徐远教授算完后，斩钉截铁地说："通胀，是美联储的一场阳谋。"回头看，在CPI跳至4.2%的异常水平一年后，美联储才姗姗来迟，似乎也就没有那么奇怪了。

当然，茨威格早就告诉过我们，所有命运馈赠的礼物，早已在暗中标好了价格。美联储艺高人胆大，下药也够猛，然而是药三分毒，药量把握也是一门艺术。所谓"艺术"，就是既没有统一标准，也没有标准流程，好坏对错就在一线间。

美联储的困境

目前美联储面临的，确实是一个有点儿棘手的难题。

市场上，人们讨论最多也最关心的是"治理通胀与经济增长之间的矛盾"问题。一方面，通胀上涨太猛，生活成本高企，对不富裕的人伤害很大。尤其是目前房贷和房租的涨幅，连中产甚至中上产家庭都会受到影响。另一方面，美国利率水平已经达到近15年来的新高,并且看上去起码还有1.5%的上行空间,这样的利率水平会影响企业的投资意愿,经济下行的压力很大。

但坦白说,我觉得这个问题可能有点儿被夸大了。从2020年3月到2021年3月,美国"放水"补贴的主要是企业和个人家庭——用宏观经济学的语言来说,美国政府花钱补贴了居民和企业的资产负债表,让他们在危机期间没有萎缩,以免导致整个社会的通缩与萧条。所以,现在的加息政策实际上是一项逆操作,相当于居民和企业回吐部分补贴,补贴政府的资产负债表。虽然力度和节奏并不能保证均衡、完美,但确实算是约束条件下的相对优解。

那么美联储真正的问题是什么呢?

是一个之前可能大家都没有想到的因素——**劳动力市场紧张**。

劳动力市场紧缺会导致劳动力价格上涨。像美国这种服务业占GDP比重高达80%的经济体,劳动力成本才是经济的主要成本。以我的亲身经历为例:2005年前后,在加拿大的超市里买意大利肉肠,每根4~5加元,但是如果请超市工作人员切好包装一下,每根就是14加元。

其实,在后工业时代,原料和生产在商品成本中所占的比重越来越低,更多的成本来自物流、营销、消费体验等服务,而这些都和劳动力成本高度相关。(参见图2-1)

美国劳动力市场为什么会紧张呢?

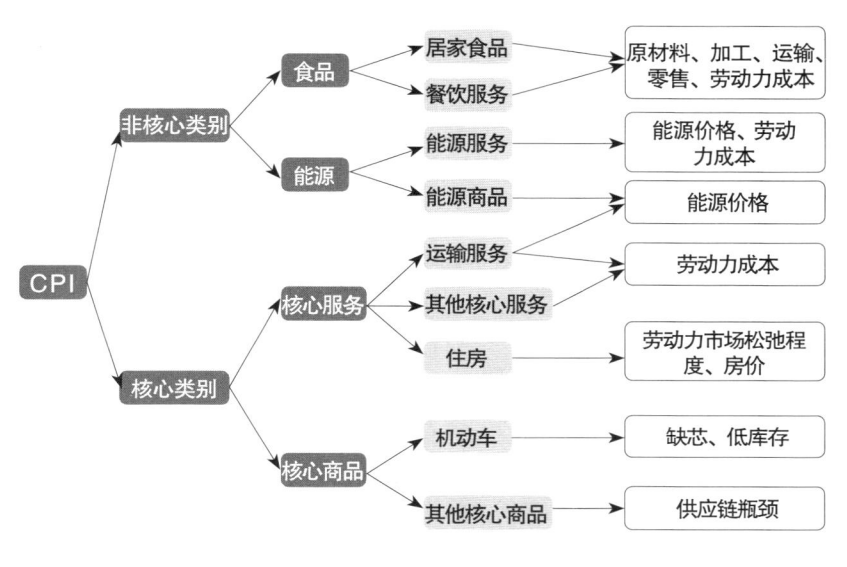

图2-1 美国CPI分项

"发钱"是重要原因。尤其是2021年3月美国总统拜登"新官上任三把火"发的1.9万亿美元[1]，让很多美国人退出了劳动力市场。这件事对热爱工作的中国人来说，可能有点儿无法理解。出于各种原因，中国人的劳动参与率一直是全世界最高的，人人都恨不得工作到100岁。我们家阿姨的父亲，今年已经77岁了，还跟着同村的年轻人去广州的工地打工，干不动重活了，就打扫卫生，搬运垃圾。原因很简单，帮儿子还房贷。所以，但凡有工可打，大家都欢天喜地。

欧美则不太一样，很多人是手里有钱就先享受人生，实在

---

1 指美国总统拜登签署的1.9万亿美元的经济救助计划。

没钱了再找活儿干，这就导致劳动力市场供给降低。2020年因为市场需求弱，所以看不出问题，到了2021年，在"发钱"的强刺激下，劳动力供给出现短缺，导致劳动力价格明显上涨。

有人会问，2021年3月之后就不"发钱"了，那些退出的劳动力也该回到市场上了，劳动力短缺的情况应该会被缓解，工资水平也会下降了吧？要想知道答案，首先要考虑几个问题：

第一，**工资是有黏性的**。一般用工合同签署期间，工资可以向上调整，向下调整却很难。尤其是像美国这种工会力量很强的社会，在短期内，工资水平随着劳动力供给变化快速下调的可能性很低。所以，即使劳动力供给恢复，工资水平的下调也需要时间。

第二，**疫情后的创伤效应让劳动参与意愿降低**。这确实是之前很少有人想到的一个问题。疫情过后，很多人感到人生苦短，开始重新思考工作和生活的平衡。很多女性，以及不少四五十岁的人，在退出劳动力市场后，决定提早退休，不再回到工作岗位。

第三，**实际工资水平为负，对劳动者吸引力不够**。虽然名义工资水平快速上涨，但高企的通胀水平使得实际工资水平为负。比如说现在工资涨幅是5%，但扣除8%的通胀因素后，实际工资水平变成了−3%。对劳动者来说，拼命干活儿，实际收入却是下降的，不如索性躺平。

所以这么看下来，在短期内，美国劳动力市场的工资水平不但很难降下来，反而有上升的压力，这种压力会导致劳动力价格继续上升，形成螺旋。这就是著名的"工资—价格"螺旋。

同时，美国市场上规模比较大、定价权比较强的企业，比如苹果、耐克、可口可乐、英伟达等，它们的成本上升都会转嫁给消费者，形成"利润—通胀"螺旋。也就是说，上游的成本（包括劳动力成本）会转移到定价里，推动通胀上行。

我们可以继续往下推演：**劳动力市场的"工资—价格"螺旋和生产端的"利润—通胀"螺旋叠加，会影响市场的通胀预期，从而形成自我加速机制。**

这种加速机制还碰到了另一个麻烦，也是影响美国通胀的最大因素之一——房租。

房租是美国CPI的重要拉动项，几乎占到40%的比例。与之相比，欧洲和中国的房租对CPI的拉动只占10%和21%左右，差距甚大。历史经验告诉我们，房价涨幅大约领先房租涨幅18个月。根据目前的数据分析，从2022年8月到2023年7月，美国房价还会有2%左右的涨幅。这就意味着，在未来相当长的一段时间内，房租仍然面临着上涨的压力，从而推动通胀上行。

2023年，市场怎么反应

全球通胀的"虎兕"已经出柙。未来一年，美联储面临的通胀压力仍然巨大，这将会对美联储的政策选择产生巨大影响。而美联储加息的节奏和力度，都直接影响着美国经济会不会衰退，会不会引发全球经济危机，以及美股什么时候触底，并影响到中国的资本市场和政策的选择。

接下来，美联储应该怎么办呢？

美联储的下一步

美联储有两个目标，促就业和控通胀。但这两个目标是一对冤家，没法同时实现。通胀要压下来，失业率就得上去，因为如果没人想找工作，工资就还得涨。根据经验数据，通胀率回落1个百分点，失业率就要上升2个百分点；通胀率回落4个百分点，失业率就得翻一番都不止。而一旦失业率上升，政府面临的政治压力马上就会上来。尤其是2024年美国总统即将换届，民主党和共和党之间的政治博弈会让就业的诉求变得更加强烈。所以，美联储主席鲍威尔的可用窗口期并不长。2023年中后期，货币政策可能更多地需要在就业和通胀之间徘徊、腾挪。这意味着美国的通胀可能会演化成类似于20世纪70年代大通胀那样的较为长期的现象，起起落落，在政治目标和经济目标中斡旋，寻找容身之所。

一个合理的猜测是，在这个过程中，美国的通胀目标中枢可能上移到3%~4%的位置。

中国社会科学院世界经济与政治研究所的张斌教授跟我聊天时说："一个3%~4%的通胀目标，如果能保证充分就业，可能是比2%更好的选择，因为这个通胀持续几年，对化解债务和经济结构调整都有利。"这句话听上去很拗口、很专业，其实就是我们在上一节说过的道理，通过通胀，美国稀释了很多债务，即使在国内失业率上升的情况下，它仍然可以通过失业补助的方法将国内矛盾熨平，进一步让全世界分摊它的通胀成本。

如果这个推论成立，那么未来半年内，美联储仍然需要快速猛烈地加息，然后再放缓步子。如果再加息150个基点，美国的基准利率达到4.5%~4.75%，美国的经济必然要面临衰退，从而导致全球经济受到牵连，经历波动和风暴。

所以，2023年全球的基本盘大概就是通胀—加息—紧缩—风暴。但美国对风暴的抵抗力是最强的，在全球动荡的时候，美元资产尤其会"沧海横流，方显英雄本色"。这时，我们会发现，拥有"世界货币"的地位是多么重要的事情，只要拥有铸币权，"我们的通胀，我们的货币，都是你们的问题"。

中国的现状与未来

但要提醒一点,说到"全球"的时候,其实我的意思是,除中国之外的"全球"。

这是全球经济中非常有趣的一幕:第一和第二大经济体的通胀数据完全背离——美国经济过热,通胀高企;中国经济过冷,有通缩压力。

从2021年年底开始,我们就一直强调,中国有缩的危险,没有胀的压力。只有货币政策大幅放松,才能完成2022年经济前低后高的目标。2022年春天之后,疫情防控的影响达到顶峰,居民和企业的资产负债表受到了严重损伤,从理论上说,应该有更宽松的货币政策来刺激,就像美国在2020年"新冠危机"中所做的一样,实行大规模宽松货币政策,才能保证不通缩。

如果真的理解美国著名经济学家米尔顿·弗里德曼那句名言——"通胀是一种货币现象"[1],我们就会知道,通胀只是表象,根子在货币上,而货币的水龙头始终在央行手里。尤其是对于中国和美国这样巨型的、相对健康的独立经济体来说,货币从来不是"野马"。

一个有趣的现象是,中国学术界和政策面一直有"通胀恐

---

[1] 从字面意义上理解,通货膨胀就是流通中的货币增加过快,其外在表现是经济中商品价格普遍上涨。据此,弗里德曼在1963年提出了一个著名的论断:"通货膨胀无论何时何地都是一种货币现象。"(Inflation is always and everywhere a monetary phenomenon.)

惧症"，尤其是美联储开启加息后，市场热炒中美国债利率倒挂会导致人民币贬值。所以，央行尽管放了货币到市场上，但是"郎心似铁"，坚决不降息。这就像大旱天气里农民缺水，你把水闸开了，但是水价不调低，最后只有少数地主家能屯点水，做"二道贩子"，绝大部分农民用不起水，只好撂荒拉倒。

2022年中国经济的问题根源不在于货币过紧，但这绝不意味着降息对经济恢复没有帮助。

张斌教授通过计算2022年降息对现金流和经济增长的影响，得出了一个粗略的结论：1个百分点的降息，大概能提升2个百分点的GDP增长。

逻辑是这样的：2022年，最大的问题是现金流萎缩——居民要么收入下降，没钱消费，要么风险意识上升，不愿消费；与此同时，企业因为各种原因无法经营，无力维系。1个百分点的降息，大约能增加2万亿元的净现金流。按照40%的储蓄率计算，其中有1.2万亿元会流入市场，再加上货币的乘数效应，大概对应1.8个百分点的GDP增长，而这还没有考虑1个百分点降息所带来的资产估值的溢价。

从2022年10月往后看半年，如果观察去掉食品和能源之外的核心CPI（食品可能会受到春节等季节性因素的影响，能源可能会受到外部环境的影响），那么我们面临的确实是通缩压力。2021年10月，中国的生产者价格指数（PPI）处于13.5%的高位，但2022年已经跌破1%，证伪了之前市场关于"胀"的假设。到了2022年10月，居民按揭贷款已经连续12个月同比少增，BCI企业投资前瞻指数也处于低位。

这些数据都告诉我们，这确实是经济的寒冬。但是，套用一句加缪的文艺腔，"在隆冬，我终于知道了，我身上有一个不可战胜的夏天"[1]。

这句话的现实含义是，**经济数据全面流露寒意未见得是一件坏事**。因为只有全面的寒意，才能破除某些顽固的思维方式，比如美国加息会导致资金外流，中国不能降息，会加大人民币贬值压力，或者中国会被欧美的通胀"输入"。

现实情况是，我们的经济正在通缩，而人民币汇率的下跌正是因为经济下行的压力。2023年，中国会将发展重新放回更重要的位置，这个转向会对货币和财政政策产生积极影响。所以，不管是投资、消费，还是楼市、股市，从2022年到2023年，会有一个缓慢但确定的恢复趋势。

蛰伏过漫长的冬天，温暖的季节总是会到来的。

---

[1]〔法〕加缪：《反与正·婚礼集·夏天集》，郭宏安译，译林出版社2011年版。

嚣张的霸权：数字美元

在美国导演马特·狄龙执导并主演的电影《魅影危程》里，马特·狄龙饰演的骗保公司职员吉米拎着一箱子美金去赎人。这个场景曾在一本非常有名的书——加州大学经济学教授艾肯格林的著作《嚣张的特权》[1]——里出现，这本书描写了美元登上"铁王座"[2]的过程，并且以史为镜，探讨货币的未来。

艾肯格林说，不管是警匪片还是悬疑片，装满美金的手提箱已经成为好莱坞电影的标准桥段，请记住，是美金而不是法郎、马克，或者其他任何一种货币。这种艺术惯例背后是真实的现实：在过去大半个世纪中，美元是通用的世界货币，反映了美元嚣张的霸权。不过，艾肯格林当时认为，这种嚣张的霸权会逐渐被抑制，世界不止有一种强势货币，一个更多元化的世界货币体系值得期待。

我大概是在2011年读的这本书，当时差不多是欧元的历史高点，1欧元大约能换1.5美元。当时我还认真考虑过入手欧元资产，看了瑞士度假小屋的相关资料。后来因为手里没闲钱，

---

1 〔美〕巴里·艾肯格林：《嚣张的特权》，陈召强译，中信出版集团2019年版。
2 美剧《权力的游戏》中七大王国国王的王座，通常用来比喻最高权力。

操作起来也太麻烦，所以作罢。2022年9月，欧元兑美元汇率为0.98，突破了20年来的新低。我特地去网上看了一下当年看中却没下手的度假小屋的价格——稍微涨了一点，但考虑到34%的货币贬值率，实际收益率为负，让人无限唏嘘。在为欧元唏嘘的时候，我突然有种似曾相识的感觉，日元也经历过这样"眼见它起高楼，眼见它宴宾客，眼见它楼塌了"的过程。现在的日元同样"过得凄风惨雨"，截至2022年10月20日，美元兑日元汇率突破150，日元创下32年以来的新低。

到这里，一根很细的线头已经出现了。

从1945年接力英镑成为"世界货币"以来，美元先是挂钩黄金，又在20世纪70年代踢开黄金，拉上石油做同盟，开启了美国信用调控全球的时代。

20世纪70年代末到80年代初，日元的地位随着日本经济的发展水涨船高。1983年，美国财政部向日本提出了"金融市场准入自由化、利率自由化和日元国际化"三大改革要求，再加上1985年签订的《广场协议》，导致日元大幅升值，同时日本在国内继续保持低利率，双重作用下，很快形成了经济泡沫。20世纪90年代泡沫破灭后，日本进入长期低增长时代——后来这段历史被称为"日本金融战败"（又称"平成战败"），而美元的"铁王座"稳如磐石。

2001年前后，美元的国际地位达到巅峰。2001年，美元的国际化指数达到0.58，欧元的国际化指数是0.21，人民币则是

0.01；美元在全球外汇储备中所占份额一度达到72.70%；以美元计价的外币债券发行占全球外币债券发行的76.6%。

此后，一些新面孔开始出现。1999年欧元面世，很快成为世界货币体系的老二。2010年，中国取代日本，成为世界第二大经济体。

一件有意思的事情是，尽管从2007年开始，人民币国际化的说法就不绝于耳，但中国政府在"暂时不让资本账户开放"这件事上立场一直非常坚定。直到今天，中国金融市场仍然是一个和全球美元信用体系密切相连，但也相对隔绝的领域。同时，从2008年开始，还出现了一个新物种——以比特币为核心的数字加密货币，号称要用去中心化的技术来对抗中心化的主权信用货币。

在2020年新冠肺炎疫情之前，主流的观点是美元开启了长期贬值之路，全球多元货币体系初现雏形，人民币、欧元、比特币都是信用世界中潜在的挑战者。在2021年3月天量放水之后，美国财政赤字和美联储资产负债表大幅扩张，美元信用在理论上遭受侵蚀，所以当时美元指数下行到90左右的低位。

然而近两年，全球成了"黑天鹅"饲养场，疫情、放水、通胀、战争、能源危机、中美摩擦……世界越乱，美元却越坚挺。2022年9月26日，美元指数突破114，达到20年以来的最高点。这不符合宏观教科书的标准叙事，却很吻合美元"嚣张的特权"。

迄今为止,在支付清算、国际债务、外汇储备、贸易融资等几乎所有方面,美元的份额都处于绝对优势。比如,美元占全球外汇储备的60%,一半以上的债务和贸易以美元计价,88%的外汇交易以美元结算,60%的国际债权以美元计价。从某种意义上说,全球实际上是一个"大美元区"。

把"大美元区"这个逻辑进一步推演,我们会发现,美元是纯信用货币,完全以美国信用为抵押品。也就是说,**全球最值钱、最安全的抵押品是美国信用**。一个非常有意思的局面出现了:当世界上"黑天鹅"乱飞的时候,投资者一定会追逐安全资产。这时,美元资产就成了香饽饽。理论上,美元资产的价值应该和美国的经济增长与稳定密切相连,但因为别无选择,即使"黑天鹅"是美国的,资金仍然会往美元资产上流动。这样一来,反而增加了全球对美元的需求,支持了美元信用体系的扩张。

但如果全世界是一个"多元货币区",这个故事就会是另一种面目。

如果不是逼不得已,谁会放弃这种特权呢?

从这个视角再看2022年关于"通胀—汇率"的斯芬克斯之谜,我们似乎有了寻找答案的方向。接下来,我们分别来看几个潜在挑战者——欧元、人民币、比特币——当下的处境。

欧元

通货膨胀、战争、能源危机，以及欧元区内部各国的利益权衡，叠加无休止的难民问题、移民问题、政治正确问题，欧洲面临着一个漫长的、尚看不到尽头的凛冬。作为欧元区火车头的德国，2022年上半年GDP增长率仅2.8%，低于欧盟27国的平均水平，失业率也开始上行。

可以说，现在的欧元区就像一个泥泞的沙盘，拿不起，粘不住。英国已经果断地从这个沙盘里抽身，法国实力偏弱但个性突出，在社会价值观上和德国也大相径庭，因此很难形成一个法、德合力带动欧元区的局面。未来一两年内，欧元的弱势不太可能扭转，甚至可能出现更大的变局。可以说，目前的全球货币体系里，没有所谓的老二，只有老大和其他。

有人可能会问，为什么不提英镑呢？因为英国的经济体量太小，已经无法在全球货币体系中充当自变量的角色了。

人民币

人民币的未来可以说是最复杂的问题。**我的判断是，未来三五年，人民币不是美元的挑战者，但也不是美元信用体系的从属者。**

2022年，人民币的表现不太好，截至11月24日，美元兑人民币汇率为7.154，比年初上涨了12.25%。但是，和其他货币受外部环境影响不同，人民币的走势是高度独立于全球市场波动的，通货膨胀、战争、能源危机，几乎所有的外部"黑天鹅事件"都没有对人民币的估值造成重大影响。真正影响人民币的，是中国的经济基本面和经济预期。

这里面有两重意思。

第一，人民币暂时并不具备充当世界货币的能力。要知道，美元取代英镑成为世界货币，是在美国取代英国成为世界第一大经济体的48年之后。

第二，人民币不再是美元信用的衍生区。在2008年之后，2015年之前，随着中国经济体量的增大，以及金融危机后中美关系出现"蜜月期"，人民币高度融入美元信用体系，形成了对全球货币体系的支撑。大概在2015年之后，这个趋势逐渐开始减弱，2018年之后陷入僵局。2022年，局势逐渐清晰，中短期内中美博弈的局面不太可能被彻底逆转，人民币也不会再在购买美国国债、稳定金融秩序等议题上无条件支持美国。

但是根据中国经济的体量，在全球进出口中的占比，在全球产业链中的重要性，以及文化和市场的统一性，人民币资产也不会陷入被动挨打的局面。只要内部结构稳定，人民币资产就能在一个相对封闭的体系内形成相对稳态。

所以，针对安全资产配置问题，可以从"内求"和"外求"的角度来进行分析。如果从内求的视角看，人民币资产面临的贬值风险不大。2022年之后，中国国家政策的走向会更加明确清晰，稳定是最核心的诉求。在这个大前提下，只要不发生直接的地缘政治风险，人民币资产的稳定性不用太担心。但如果从外求的视角看，这个答案就值得商榷，因为"相对独立"一方面意味着风险隔离，另一方面也意味着随机性更大。

比特币

在说比特币之前，先说一下黄金。2020年之前，黄金是标准的抗通胀的安全资产，和美元形成对冲。在美国发生通胀，或者出现较大的地缘政治类风险事件时，黄金作为老牌世界货币，就会充当资金的蓄水池。从这个意义上说，黄金也是独立于美元信用货币体系之外的。时至今日，黄金价格用的还是伦敦金的价格。

比特币是2008年以"数字黄金"的身份登上历史舞台的，以去中心化的数字技术为基础，要跟美元这种强中心的主权信用货币进行对抗。这种"革命性叙事"在金融危机后受到了很多年轻人的追捧。不过，直到2020年之前，包括比特币、以太币在内的数字加密货币虽然在社交媒体上席卷全球，但从金融的角度看，体量过于弱小，并没有对主权信用货币产生实质性冲击。

2020年则是一个转折点，美国天量放水，包括房子、股票在内的美元资产暴涨，比特币因为拥有无穷的弹性，也开始成为重要的蓄水池。仅2020年一年，比特币的价格就从7181美元涨到28961美元，涨了3倍。换句话说，过去几年包括比特币在内的加密货币界的狂飙猛进，是美元信用衍生，而不是对抗的表现。

在这个过程中，还发生了一件有意思的事情，比特币和黄金的走势逐渐高度一致，简直像是孪生子。这种现象，意味着比特币"数字黄金"的身份逐渐得到确认，开始取代黄金的地位。而这又反过来加强了美元信用。

为什么会这样呢？这就要说到英国著名政治学家苏珊·斯特兰奇的"结构性权力"理论。斯特兰奇认为，在国际秩序中，大国之间竞争的，主要是制定规则的权力，即结构性权力，而结构性权力有四个基本来源：安全、生产、金融、知识。20世纪80年代以来，美国主要依靠金融和知识这两个领域的结构性权力维持霸权，其中金融权力以美元为核心，知识权力以科技创新为核心。

在过去的20多年中，这四种权力组成的结构发生了一个重要变化，出现了一支新力量——数字技术。数字技术全面渗透这四个领域，和旧的结构性权力相结合，逐渐开始形成一套新的数字结构性权力。2022年，美国政府对数字加密货币"招安"，用数字技术加强美元权力，就是一个典型案例。

如果仔细观察，我们会发现，近两年，美国监管层对数字加密货币的态度出现了180度大转弯，甚至可以用"前倨后恭"来形容。

2020年之前，美联储对天秤币[1]手起刀落，毫不留情。美联储主席鲍威尔一脸冷漠地表示"不需要也不准备发行数字货币"，美国财政部部长耶伦则直截了当地表示"不喜欢加密货币"，因为它们"高度投机，涉及很多非法交易"。

但2020年之后，监管层态度大变。鲍威尔表示"正在谨慎、认真、全面研究，正在努力推进数字货币"，耶伦干脆直接改口说"（加密货币）是有好处的，这是创新，很健康"，美联储则在2022年开始推进数字美元研究，发表了数字美元白皮书《货币与支付：数字化转型时代的美元》，美国主流金融市场也迅速用脚投票。这两年，数字加密货币在价格走势、资产配置比例、社会地位上都有了明显的变化。

一个显著的现象是，2020年之后，比特币和美国标普500指数的走势开始高度吻合。这件事细想很有趣。比特币是打着反主权信用的旗号"出道"的，全球的主权信用代表毫无疑问是美国的主权信用。但是，现在比特币却和美国股指共进退，随着美联储的政策大棒起舞，成了美元信用的延展。

这种现象，在资产配置上也有所反映。根据纽约梅隆银行的调研，截至2022年10月，美国91%的机构投资者都表示对

---

[1] 由Facebook发布的虚拟加密货币。

加密资产"感兴趣",70%的投资者表示"会投资",40%的投资者已经开始配置加密资产。除此之外,2019年到2021年,传统金融行业的职位招聘数量下降了1%,但是加密货币相关职位的招聘数量却大幅上涨了73%。顶尖商学院(如麻省理工学院斯隆管理学院、哈佛商学院、斯坦福商学院、沃顿商学院等)都开设了加密货币相关课程,卡内基梅隆大学和加州大学伯克利分校还允许用比特币支付学费。2020年之后,大部分政党候选人都接受加密货币的捐赠,数字加密货币界的政治捐款越来越多。

一言以蔽之,在美国金融市场上,比特币已经变得越来越主流。更直白地说,比特币和其他数字加密货币正在成为一种新的大类资产,进入美国主流金融市场体系。摩根大通相关专家亲切地称之为"数字风险资产"。

把这些事情前后联系起来,我们会发现,事情的轮廓变得非常清晰。美国正在快速吸收、融合数字加密界的技术和规则,推进数字美元的构建。它的推进方式很简单,将野蛮生长了10年的数字加密生态慢慢纳入自己的金融监管体系,相当于美元信用在数字世界里进行外延扩张。比如2022年,稳定币[1]大崩盘,但是联系美元的稳定币泰达币(USDT)基本没有受到影响。因为它不是美元信用的对手,而是美元信用的数字衍生。

---

1 和某个货币保持稳定兑换比例的加密货币。

比特币，不再是挑战者，而是合谋者。

写到这里的时候，窗外已经暮色四起，北京10月的秋夜已经有几分凉意。我想起了经济学家何帆当年给《嚣张的特权》写的推荐序：

> 在国际金融的地下室里，你可能找不到阴谋论的血衣。但是，你会发现一个巨大的秘密：货币即政治。从表面上看，货币无非是一种设计精巧的经济工具，但在历史火炬的照耀下，你就会看到，货币问题的背后，是政治利益的博弈。[1]

这段话，真是2022年的完美注脚。

---

1 〔美〕巴里·艾肯格林：《嚣张的特权》，陈召强译，中信出版集团2019年版。

第三章

沉重的房子

我要一步一步往上爬，等待阳光静静看着它的脸。小小的天有大大的梦想，重重的壳裹着轻轻的仰望。

——周杰伦《蜗牛》

周阿姨手里的钱该怎么办

2022年9月,照顾我妈的周阿姨打电话给我说,过年要多请十来天假,问原因,说是要回老家(湖南省娄底市双峰县)买套房子。我出于职业病,随口跟她说:"你自己想清楚哈,这套房子买了是不会赚钱的,以后可能比现在价格还低。"过了一会儿,周阿姨追了个电话过来,问我:"我现在手里一共就50万元,想买套房子,未来在老家养老,要是不买房子,你给我讲讲,我的钱应该怎么办?"

这个问题有点儿问住我了。实际上,这不是我今年第一次碰到这个问题,我的不少同学、朋友、团队伙伴、家人都问过我类似的问题。这些人,包括我自己和周阿姨,拥有迥然不同的学历、年龄、职业、家庭环境、认知能力和学习能力,不管我们的财富水平是50万元、300万元还是2000万元,这个问题对我们来说,都是一个直击灵魂的拷问——

我手里这点钱该怎么办?

对于那些拥有数千万元以上流动资金的高净值家庭而言,这个问题的答案有很多,我们可以坐下来,谈谈风险承受能力、国际配置、社会圈层以及相关的股权、信托等各种计划。但是,在现实世界里，更多的是普通的家庭，比如十八线县城出身的打工家庭，二三线城市的白领家庭，北上广深的精英家庭……他们大多已经有了孩子，面临着职业生涯的转折或者人生下半场，手里这点储蓄是过去数十年的积累。面对2022年，他们的未来将要往哪里飘？手里的钱该怎么办？最重要的是，那个过去20多年承载了绝大部分中国家庭财富的载体——城市房产，还靠得住吗？

如果再早10年或者5年，这个问题的答案都相对简单。但在2022年，不管是外部的全球环境，还是国内的政治生态、行业格局、增长方式以及税收预期，都产生了结构性变化，再回答这个问题时，就需要更小心、更具象，否则真的很容易将一个家庭带到沟里。

作为财富载体，中国房产的发展，在过去的22年里，可以分为三个阶段。

第一个阶段

2000年到2012年，中国房产等同于优质安全资产。

相信所有人对此都有实际体感，买资产等于买增长。从2000年到2012年，中国增长的最大推动力，就是全面铺开的、超大规模的城市化，而城市房产就是城市化的财富载体。所以在此期间的中国房产市场，是几乎没有回撤的普涨。

2000年至2012年，中国GDP平均增长率为10.11%，中国房价平均年化回报率为6.04%，其中一线城市房价的平均年化回报率为13.1%，超过了同期沪深300、上证50等各种指数，以及黄金、原油等所有大宗商品的平均年化回报率。中国房价的波动率是其他资产品类波动率的十分之一。

在一个国家的高速城市化阶段，房产是优质的安全资产。几乎所有发达国家都经历过这个阶段，中国也不例外。只是因为中国体量庞大，城市化速度极快，而大部分中国普通居民家庭在此之前几乎没有财富累积，更谈不上财富观念，所以在此期间，整个社会财富的膨胀显得尤其快速，而"房产"也就此成为财富的代名词。

第二个阶段

2013年到2021年，大城市房产是优质安全资产，小城市房产价格出现分化。

2013年到2021年，中国GDP平均增长率下降到6.55%，但整体上中国房价仍然处于普涨状态，平均年化回报率为4.87%，一线城市房价平均年化回报率为8.53%，波动率是其他资产品类波动率的七分之一。但中小城市的房价开始出现分化，这种分化在未来会更加显著。

逻辑非常简单，因为这个阶段的城市化开始转向"大城市化、都市化",人口从小城镇向大城市涌入,在此期间,大约有6000万常住人口从小城市流向大城市。如果把那些务工的流动人口算上,人口迁徙的趋势会更惊人。

更重要的是,2013年以后,中国的经济增长从以制造业为驱动转变为以服务业为驱动。与制造业更多地依靠资金投入不同,不管是提供服务还是享受服务,人都是服务业增长最核心的要素,因此,人口的流入或流出,成为影响城市增长预期最重要的长期指标。**政府供地数量、土地政策、限购政策或者贷款条件,都可能在短期内发生变化,刺激房价上涨或下跌,但人口是自然的慢变量,更容易反映社会的长期预期。**

2017年到2019年,我们团队利用互联网大数据,比较精准地计算了中国各个城市的人口流动情况,与2021年公布的第七次全国人口普查(下文简称"七普")展现的人口流动数据趋势很类似,但力度明显更强——实际上,小城市的流出和大城市的流入都比数据显示的更为显著。当时我们团队还发现了一个非常有意思的现象:拥有200万~500万人口的中型城市,数量萎缩得很厉害;拥有500万以上人口的大城市和150万以下人口的小城市,数量增长却很快。

这就意味着,原来的中型城市的人口逐渐往大城市流动,使得中型城市变成了小城市。这里要强调一点,**很多按照常住人口计算的大城市或者中型城市,可能是实际上的中型城市或者小城市。这些城市的房价,往往有高估的成分。**

其中一个典型的例子是山东临沂。山东是传统强省，也是人口大省。作为全省第一大城市，临沂的户籍人口为1197.01万人，"七普"的常住人口为1101.84万人，而我们通过互联网大数据计算出的"活跃常住人口"则是739.78万人，远低于"七普"的常住人口数据。这说明，城市的实际常住人口比官方数据显示的要低。这种类型的城市，房价被高估的可能性相对要大一些。

表3-1罗列了中国所有"七普"常住人口多于我们团队计算的"活跃常住人口"的城市。你会发现，排在前列的，大多是过去几年房价上涨比较困难的城市，未来大概率也不会有多大变化。当然，部分地区依靠政府强力的抢人措施，也许房价在一两年的短期内能逆转，但如果没有结构性产业机会，房价涨不上去的趋势在未来还会持续。

表3-1　"七普"常住人口与活跃常住人口对比[1]

序号	城市	"七普"常住人口（万人）	活跃常住人口（万人）	"七普"与活跃人口相差（万人）
1	重庆	3205.4159	2644.675	560.7409
2	周口	902.6015	472.7401	429.8614
3	菏泽	879.5939	492.258	387.3359
4	阜阳	820.0264	435.4544	384.572

[1] 数据来源：第七次全国人口普查，作者团队测算。

续表

序号	城市	"七普"常住人口（万人）	活跃常住人口（万人）	"七普"与活跃人口相差（万人）
5	南阳	971.3112	593.9663	377.3449
6	临沂	1101.8365	739.7769	362.0596
7	毕节	689.9636	364.646	325.3176
8	邵阳	656.352	337.1395	319.2125
9	赣州	897.0014	583.5535	313.4479
10	喀什	449.6377	138.6396	310.9981
11	商丘	781.6831	472.4343	309.2488
12	驻马店	700.8427	393.2165	307.6262
13	济宁	835.7897	535.6709	300.1188
14	曲靖	576.5775	276.8318	299.7457
15	黄冈	588.2719	292.5049	295.767
16	衡阳	664.5243	374.1762	290.3481
17	昭通	509.2611	224.3001	284.961
18	达州	538.5422	253.9082	284.634
19	上饶	649.1088	367.2714	281.8374
20	永州	528.9824	250.3765	278.6059
21	邯郸	941.399	667.237	274.162
22	湛江	698.1236	431.5616	266.562
23	茂名	617.405	355.0425	262.3625
24	宿州	532.4476	271.2721	261.1755
25	亳州	499.6844	238.6692	261.0152
26	南充	560.7565	306.8825	253.874

续表

序号	城市	"七普"常住人口（万人）	活跃常住人口（万人）	"七普"与活跃人口相差（万人）
27	信阳	623.4401	370.8537	252.5864
28	凉山州	485.8359	233.7178	252.1181
29	保定	1154.4036	908.3798	246.0238
30	徐州	908.379	676.8165	231.5625
31	玉林	579.6766	352.0074	227.6692
32	襄阳	526.0951	303.8612	222.2339
33	邢台	711.1106	498.4755	212.6351
34	泰安	547.2217	336.0542	211.1675
35	荆州	523.118	313.7447	209.3733
36	六安	439.3699	239.6745	199.6954
37	红河州	447.8422	253.5003	194.3419
38	常德	527.9102	334.8778	193.0324
39	贵港	431.6262	240.4446	191.1816
40	德州	561.1194	372.0322	189.0872
41	潍坊	938.6705	749.9661	188.7044
42	盐城	670.9629	483.2577	187.7052
43	孝感	427.0371	239.532	187.5051
44	怀化	458.7594	271.272	187.4874
45	吉安	446.9176	261.2702	185.6474
46	聊城	595.2128	409.6663	185.5465
47	文山州	350.3218	168.4397	181.8821
48	郴州	466.7134	285.8206	180.8928

续表

序号	城市	"七普"常住人口（万人）	活跃常住人口（万人）	"七普"与活跃人口相差（万人）
49	和田	250.4718	71.8883	178.5835
50	安庆	416.5284	242.4863	174.0421
51	宿迁	498.6192	328.3513	170.2679
52	宜宾	458.8804	289.8186	169.0618
53	泸州	425.4149	257.7462	167.6687
54	宜春	500.7702	333.3925	167.3777
55	南通	772.6635	605.309	167.3545
56	广安	325.4883	161.6586	163.8297
57	揭阳	557.7814	395.4779	162.3035
58	抚州	361.4866	202.9119	158.5747
59	咸阳	498.334	346.1642	152.1698
60	娄底	382.6996	231.1093	151.5903
61	滁州	398.7054	250.2261	148.4793
62	遵义	660.6675	514.2385	146.429
63	平顶山	498.7137	354.5997	144.114
64	沧州	730.0783	586.285	143.7933
65	恩施州	345.6136	202.9977	142.6159
66	钦州	330.2238	188.6712	141.5526
67	九江	460.0276	319.9717	140.0559
68	益阳	385.1564	246.3113	138.8451
69	渭南	468.8744	330.7839	138.0905
70	河池	341.7945	203.7426	138.0519

续表

序号	城市	"七普"常住人口（万人）	活跃常住人口（万人）	"七普"与活跃人口相差（万人）
71	新乡	625.1929	487.3864	137.8065
72	汉中	321.1462	184.7025	136.4437
73	内江	314.0678	178.0804	135.9874
74	枣庄	385.5601	249.6046	135.9555
75	淮安	455.623	322.6905	132.9325
76	大理	333.7559	200.9132	132.8427
77	绵阳	486.8243	354.2144	132.6099
78	百色	357.1505	226.2901	130.8604
79	齐齐哈尔	406.7489	276.1606	130.5883
80	连云港	459.936	330.0694	129.8666
81	洛阳	705.6699	577.354	128.3159
82	运城	477.4508	352.2068	125.244
83	十堰	320.9004	196.1789	124.7215
84	绥化	375.6167	251.8762	123.7405
85	梅州	387.3239	264.1271	123.1968
86	黔东南州	375.8622	252.7283	123.1339
87	遂宁	281.4196	158.9484	122.4712
88	巴中	271.2894	149.2373	122.0521
89	岳阳	505.1922	383.1502	122.042
90	蚌埠	329.6408	208.1949	121.4459
91	宜昌	401.7607	283.0051	118.7556
92	楚雄州	241.6747	124.1105	117.5642

续表

序号	城市	"七普"常住人口（万人）	活跃常住人口（万人）	"七普"与活跃人口相差（万人）
93	阿克苏	271.4422	155.0632	116.379
94	资阳	230.8631	114.7849	116.0782
95	濮阳	377.2088	262.0941	115.1147
96	清远	396.9473	284.3844	112.5629
97	咸宁	265.8316	153.4291	112.4025
98	许昌	437.9998	325.7514	112.2484
99	淮南	303.3528	192.139	111.2138
100	铜仁	329.8468	219.38	110.4668
101	天水	298.4659	188.7848	109.6811
102	泰州	451.2762	343.0321	108.2441
103	黔西南州	301.5112	193.659	107.8522
104	自贡	248.9256	141.999	106.9266
105	临沧	225.7991	119.0883	106.7108
106	衡水	421.2933	315.054	106.2393
107	朝阳	287.2857	181.1531	106.1326
108	临夏州	210.975	105.0592	105.9158
109	肇庆	411.3594	306.0292	105.3302
110	安阳	547.7614	442.8133	104.9481
111	商洛	204.1231	99.5923	104.5308
112	赤峰	403.5967	299.1165	104.4802
113	安康	249.3436	145.4819	103.8617
114	六盘水	303.1602	200.0969	103.0633

续表

序号	城市	"七普"常住人口（万人）	活跃常住人口（万人）	"七普"与活跃人口相差（万人）
115	定西	252.4097	149.8925	102.5172
116	眉山	295.5219	193.3486	102.1733
117	保山	243.1211	142.2462	100.8749
118	桂林	493.1137	392.9035	100.2102
119	湘西州	248.8105	150.3275	98.483
120	陇南	240.7272	143.4275	97.2997
121	德阳	345.6161	248.5011	97.115
122	随州	204.7923	108.0908	96.7015
123	荆门	259.6927	163.3486	96.3441
124	梧州	282.0977	186.2777	95.82
125	乐山	316.0168	221.5942	94.4226
126	黔南州	349.4385	256.2389	93.1996
127	伊犁州	284.8393	191.9853	92.854
128	临汾	397.6481	307.9177	89.7304
129	滨州	392.8568	303.8985	88.9583
130	长春	906.6906	818.2745	88.4161
131	淄博	470.4138	382.9989	87.4149
132	唐山	771.7983	685.3904	86.4079
133	黄石	246.9079	160.8652	86.0427
134	日照	296.8365	211.187	85.6495
135	河源	283.7686	199.7696	83.999
136	宝鸡	332.1853	248.4461	83.7392

续表

序号	城市	"七普"常住人口（万人）	活跃常住人口（万人）	"七普"与活跃人口相差（万人）
137	云浮	238.335	156.2504	82.0846
138	烟台	710.2116	629.6126	80.599
139	张家口	411.8908	331.5915	80.2993
140	株洲	390.2738	310.311	79.9628
141	宁德	314.6789	234.8943	79.7846
142	阳江	260.2959	180.7771	79.5188
143	来宾	207.4611	129.9507	77.5104
144	承德	335.4444	258.0154	77.429
145	广元	230.5657	153.2532	77.3125
146	崇左	208.8692	131.7826	77.0866
147	宣城	250.0063	173.5211	76.4852
148	汕尾	273.8482	197.3803	76.4679
149	贺州	200.7858	124.587	76.1988
150	安顺	247.063	172.2897	74.7733
151	扬州	455.9797	381.7125	74.2672
152	漳州	505.4328	431.3535	74.0793
153	葫芦岛	243.4194	169.6535	73.7659
154	长治	318.0884	244.5614	73.527
155	韶关	285.5131	214.3459	71.1672
156	吕梁	339.8431	268.7101	71.133
157	铁岭	238.8294	168.0647	70.7647
158	芜湖	364.442	293.9665	70.4755

续表

序号	城市	"七普"常住人口（万人）	活跃常住人口（万人）	"七普"与活跃人口相差（万人）
159	漯河	236.749	169.0562	67.6928
160	庆阳	217.9716	150.5654	67.4062
161	忻州	268.9668	201.925	67.0418
162	湘潭	272.6181	205.6445	66.9736
163	锦州	270.3853	204.1163	66.269
164	淮北	197.0265	131.2087	65.8178
165	马鞍山	215.993	152.8473	63.1457
166	榆林	362.475	300.6042	61.8708
167	大同	310.5591	249.3556	61.2035
168	天门	115.864	55.5988	60.2652
169	平凉	184.8607	125.2246	59.6361
170	丽水	250.7396	191.1167	59.6229
171	衢州	227.6184	168.0479	59.5705
172	鞍山	332.5372	274.0909	58.4463
173	南平	268.0645	210.2149	57.8496
174	玉溪	224.9502	168.2839	56.6663
175	三明	248.645	194.0382	54.6068
176	焦作	352.1078	298.0768	54.031
177	松原	225.2994	171.3744	53.925
178	通辽	287.3168	234.3792	52.9376
179	海东	135.8471	83.4698	52.3773
180	丹东	218.8436	167.8042	51.0394

续表

序号	城市	"七普"常住人口（万人）	活跃常住人口（万人）	"七普"与活跃人口相差（万人）
181	昌都	76.0966	25.5638	50.5328
182	那曲	50.4838	0.3373	50.1465
183	日喀则	79.8153	30.4672	49.3481
184	牡丹江	229.0208	179.7964	49.2244
185	甘孜州	110.7431	62.0075	48.7356
186	张家界	151.7027	103.1702	48.5325
187	开封	482.4016	435.1495	47.2521
188	哈尔滨	1000.9854	954.3789	46.6065
189	萍乡	180.4805	134.8864	45.5941
190	大庆	278.1562	232.8971	45.2591
191	鹰潭	115.4223	70.1704	45.2519
192	柳州	415.7934	371.2696	44.5238
193	延边州	198.2464	153.841	44.4054
194	池州	134.2764	90.8335	43.4429
195	通化	181.2114	137.9833	43.2281
196	莆田	321.0714	277.8464	43.225
197	仙桃	113.4715	70.3366	43.1349
198	乌兰察布	170.6328	127.8895	42.7433
199	雅安	143.4603	100.8149	42.6454
200	白银	151.211	108.9435	42.2675
201	黄山	133.0565	90.8094	42.2471
202	铜陵	131.1726	88.9506	42.222

续表

序号	城市	"七普"常住人口（万人）	活跃常住人口（万人）	"七普"与活跃人口相差（万人）
203	朔州	159.3444	117.4659	41.8785
204	武威	146.4955	104.6425	41.853
205	营口	232.8582	191.2367	41.6215
206	佳木斯	215.6505	174.6013	41.0492
207	景德镇	161.8979	121.9676	39.9303
208	鹤壁	156.5973	116.7275	39.8698
209	延安	228.2581	188.8517	39.4064
210	秦皇岛	313.6879	274.8244	38.8635
211	台州	662.2888	624.3079	37.9809
212	阜新	164.728	126.8191	37.9089
213	丽江	125.3878	87.6214	37.7664
214	三门峡	203.4872	166.0227	37.4645
215	克孜勒苏柯州	62.2222	24.7873	37.4349
216	绍兴	527.0977	490.2184	36.8793
217	固原	114.2142	78.0316	36.1826
218	龙岩	272.3637	236.4263	35.9374
219	鄂州	107.9353	72.6118	35.3235
220	新余	120.2499	85.0905	35.1594
221	晋中	337.9498	303.181	34.7688
222	辽阳	160.458	125.9863	34.4717
223	黑河	128.6401	96.2751	32.365
224	鸡西	150.206	118.105	32.101

续表

序号	城市	"七普"常住人口（万人）	活跃常住人口（万人）	"七普"与活跃人口相差（万人）
225	江门	479.809	449.3966	30.4124
226	潜江	88.6547	58.355	30.2997
227	吴忠	138.2713	108.1871	30.0842
228	抚顺	185.4372	155.6104	29.8268
229	潮州	256.8387	227.2236	29.6151
230	中卫	106.7336	77.439	29.2946
231	白城	155.1378	126.7205	28.4173
232	巴音郭楞州	161.3979	133.0288	28.3691
233	攀枝花	121.2203	93.3499	27.8704
234	儋州	95.4259	67.5858	27.8401
235	呼伦贝尔	224.2875	197.3048	26.9827
236	辽源	99.6903	72.8425	26.8478
237	镇江	321.0418	294.6452	26.3966
238	甘南州	69.1808	43.1042	26.0766
239	吐鲁番	69.3988	44.2574	25.1414
240	张掖	113.1016	88.8722	24.2294
241	本溪	132.6018	108.634	23.9678
242	大连	745.0785	721.1731	23.9054
243	双鸭山	120.8803	97.3705	23.5098
244	兴安盟	141.6929	118.8006	22.8923
245	德宏州	131.5709	109.4219	22.149
246	怒江州	55.2694	33.1817	22.0877

续表

序号	城市	"七普"常住人口（万人）	活跃常住人口（万人）	"七普"与活跃人口相差（万人）
247	盘锦	138.9691	117.0103	21.9588
248	玉树州	42.5199	20.8352	21.6847
249	伊春	87.8881	68.5799	19.3082
250	塔城	113.8638	95.0128	18.851
251	阿勒泰	66.8587	48.295	18.5637
252	阳泉	131.8505	113.5212	18.3293
253	巴彦淖尔	153.8715	136.9752	16.8963
254	鹤岗	89.1271	72.4615	16.6656
255	临高	42.0594	25.6786	16.3808
256	莱芜	97	80.6779	16.3221
257	铜川	69.8322	53.5531	16.2791
258	海南州	44.6996	28.9148	15.7848
259	山南	35.4035	19.7035	15.7
260	白山	97.2248	81.639	15.5859
261	酒泉	105.5706	91.4893	14.0813
262	万宁	54.5992	40.84	13.7592
263	阿坝州	82.2587	69.2674	12.9913
264	文昌	56.0894	43.3992	12.6902
265	七台河	68.9611	56.5328	12.4283
266	黄南州	27.6215	15.283	12.3385
267	西双版纳州	130.1407	118.7104	11.4303
268	石嘴山	75.1389	63.7105	11.4284

续表

序号	城市	"七普"常住人口（万人）	活跃常住人口（万人）	"七普"与活跃人口相差（万人）
269	乐东	46.4435	35.1047	11.3388
270	济源	72.7265	62.114	10.6125
271	果洛州	21.5573	11.0133	10.544
272	定安	28.469	18.3456	10.1235
273	博尔塔拉州	48.8198	38.888	9.9318
274	澄迈	49.7953	39.9665	9.8288
275	屯昌	25.5335	15.8089	9.7246
276	东营	219.3518	209.6567	9.6951
277	金昌	43.8026	35.3163	8.4863
278	哈密	67.3383	58.912	8.4263
279	昌吉州	161.3585	153.339	8.0195
280	东方	44.4458	36.4956	7.9502
281	迪庆州	38.7511	30.9484	7.8027
282	海北州	26.5322	19.5071	7.0251
283	湖州	336.7579	329.8276	6.9303
284	大兴安岭	33.1276	26.2119	6.9157
285	锡林郭勒盟	110.7075	103.8907	6.8168
286	威海	290.6548	284.1084	6.5464
287	昌江	23.2124	17.2322	5.9802
288	舟山	115.7817	109.9936	5.7881
289	白沙	16.4699	10.8447	5.6252
290	鄂尔多斯	215.3638	210.0573	5.3065

续表

序号	城市	"七普"常住人口（万人）	活跃常住人口（万人）	"七普"与活跃人口相差（万人）
291	阿里	12.3281	7.0592	5.2689
292	琼中	17.9586	12.8844	5.0742
293	林芝	23.8936	19.3673	4.5263
294	汕头	550.2031	546.018	4.1851
295	乌海	55.6621	52.5189	3.1432
296	北海	185.3227	182.9688	2.3539
297	神农架林区	6.6571	4.6399	2.0172
298	吉林	362.3713	360.4788	1.8925
299	保亭	15.6108	14.0796	1.5312
300	晋城	219.4545	218.3466	1.1079
301	五指山	11.2269	10.1408	1.0861
302	嘉峪关	31.2663	30.2152	1.0511

第三个阶段

从2022年开始，房价的变化不再是线性的，而是发生了结构性变迁。我们先来看几个数据：

第一，城市化率。2021年年末，中国的城市化率是64.72%，如果按实际人口密度算，城市化率要更高，达到70%以上。而发达国家的城市化率也不过80%。这就意味着，农村人口向城市转移的空间已经较小。

第二，人口结构。和10年前相比，中国25岁至39岁这个阶段的生育主力人群占比下降超过20%。同时，随着教育和收入水平的提高，年轻人的生育意愿也在下降。

第三，自住房比例。2020年，中国城市住房自有率为73%，整体高于发达国家60%的水平。不过要注意的是，北京自住房比例为56.6%，上海59%，广东55.9%，深圳则不到30%。

以上几个基本面信息说明，**中国的城市化高增长阶段基本结束，房产的高收益阶段也基本告一段落**。很多小城市已经失去了进一步增长的空间，甚至可能会像日本一样，面临空心化[1]的趋势。而有些具有高增长潜力的城市（比如人口庞大的、人力资本集中的、服务业发达的城市），又因为太容易造成贫富差距拉大，与共同富裕的政策方向有分歧，所以也面临一定的政策波动风险。[2]注意，这里用的是"政策波动风险"，而不是"政策风险"。市场价格会快速反应和消化政策风险，但政策波动不一样，因为波动是随机项，你无法预测，尤其是地方层面的微观政策，以及政策在基层的执行力度都充满了变数，波动很容易演变为"冲击"，影响到房价。

所以，我的判断是，2022年之后，从整体上而言，包括大城市在内的中国房产将不再被视为优质安全资产。

所谓"优质安全资产"，要满足两个条件：

---

[1] 指人力、生产等各种社会资源大量外流，造成本地劳动力结构失衡以及人口年龄结构不合理。
[2] 参见《香帅财富报告：分化时代的财富选择》第二章。

第一，能跑赢大部分资产品类，是为"优质"。

第二，波动不大，最大回撤可控，是为"安全"。

"最大回撤"是一个金融术语，简单来说，就是历史上最大的亏损幅度，计算公式是：最大回撤 =（最高价 – 最低价）/ 最高价 × 100%。比如，腾讯股票在高点时曾达到747.15港元，其后曾下跌到206.2港元[1]，那么，在此期间腾讯的最大回撤就是72.4%。

在前两个阶段，中国大部分城市的房产基本都满足这两个条件，即使是2008年的金融危机和2016年的强力调控期间，价格回撤都十分有限。这就意味着，普通人买了房子，起码不用担心像买了港股一样，从万丈悬崖掉下去，发现下面还有另一个万丈悬崖。

从第三个阶段开始，很多城市的房产其实已经不满足"最大回撤可控"这个条件了。尤其是2022年，中国房产持续20多年的上行趋势被打破。截至2022年8月，在70个较大城市中，只有上海、北京、成都、无锡、昆明、海口、赣州七个城市的二手房价格同比上涨，杭州和广州持平，其余城市全部下跌。其中东北地区的牡丹江、哈尔滨、吉林分别以10.7%、9.5%和6.8%的跌幅，位居下跌榜前三。

如果将时间维度拉长，我们会发现这个"最大回撤"其实

---

1 高点和低点的股价分别为2021年3月和2022年10月的数据。

更大。过去3年，牡丹江二手房的房价跌了22%，这样的回撤水平，比起A股都堪堪打个平手。其余像北海、安庆等城市，也都跌了10%以上。（参见表3-2）

有的地方连新房价格都跌，比如广西北海、四川泸州、湖南岳阳和常德，过去3年新房价格累计跌了10%左右，虽然不算惊人，但足以证明这些区域已经增长乏力，之后也很难期待有什么好的表现。（参见表3-3）

表3-2 近3年、5年二手住宅价格跌幅最大的前10个城市[1]

城市	近3年二手住宅价格累计涨跌幅（2019.8—2022.8）	近5年二手住宅价格累计涨跌幅（2017.8—2022.8）
牡丹江	−22.45%	−25.15%
北海	−11.06%	−14.15%
安庆	−10.46%	−13.57%
贵阳	−10.36%	−13.47%
太原	−9.74%	−12.87%
宜昌	−9.15%	−12.31%
石家庄	−8.93%	−12.10%
南充	−8.71%	−11.88%
常德	−8.67%	−11.85%
郑州	−7.77%	−10.97%

说明：近3年和近5年跌幅最大的前10个城市相同。

[1] 数据来源：国家统计局官网。

表3-3 近3年、5年新建商品住宅价格跌幅最大的前10个城市[1]

城市	近3年新建商品住宅价格累计涨跌幅（2019.8—2022.8）	城市	近5年新建商品住宅价格累计涨跌幅（2017.8—2022.8）
北海	-11.99%	岳阳	0.77%
泸州	-9.03%	天津	4.29%
岳阳	-9.00%	韶关	5.37%
常德	-8.73%	安庆	6.05%
南充	-7.26%	北海	6.39%
安庆	-6.93%	泸州	6.46%
太原	-6.38%	常德	6.92%
湛江	-5.21%	湛江	7.62%
大理	-4.18%	厦门	9.08%
哈尔滨	-2.77%	泉州	10.59%

说明：从近5年来看，新建商品住宅价格没有下跌。

这些数据告诉我们，中国房产的梦幻时代已经结束。更何况，除了房价下跌外，还有各种烂尾楼等极端事件。用金融语言来说，中国百姓够得着的资产中最靠谱的房产，已经打破了刚兑[2]。

---

1 数据来源：国家统计局官网。
2 刚性兑付，一般指理财产品到期后，金融机构必须全额兑付投资者本金以及收益，当不能如期兑付或者兑付困难时，机构需要兜底，保证理财产品的安全。

2022年之后，中国房产还能买吗

房价下跌，是否意味着不要再买房了呢？比如上一节讲到的周阿姨，比如我们团队小伙伴生活在二三线城市的原生家庭，比如我身边生活在一线城市的朋友，他们可以买房吗？

对于买房，现在市场一般持两种态度，要么是"2022年房价见底，抓紧买"，要么是"房价还得崩，赶紧卖"。要不要买房，这个问题涉及的是绝大多数中国家庭最核心的财富积累，值得细致分析。

在买房这个问题上，有三重逻辑。

第一，**增长逻辑**。分析历史数据，我们会发现，房价涨跌幅和中国经济增长的趋势是一致的。2000年到2012年这13年，以及2013年到2021年这9年，中国GDP平均增长率分别是10.2%和6.5%，一线城市房产收益率下降的幅度其实比中国经济下行的速度要慢，而二三线城市房产的收益率其实从来没有赶上过经济增速。

未来3年到5年（现在不能进行10年趋势的判断，因为外部环境变化太大，很多偶然发生的冲击，会把分析的底层逻辑全部打碎），中国GDP平均增长率超过5%的概率很低，可能会在

3%~4%。这就意味着，未来一线城市房产收益率应该会略高于这个数字，三线城市房产收益率则低于这个数字。但是，需要认清的现实是，未来中国房产的收益率必然是下降的。我们的判断是，一线城市的房产收益率大概在4%~5%，三线城市的房产收益率可能在1%~2%，而且一线城市城区内部分化和二三线不同城市之间的分化会非常严重。

第二，通胀逻辑。房产是抗通胀的资产。虽然2023年中国没有通胀风险，但如果要确保一定的经济增速，降低债务，货币和财政政策就需要较大尺度地放开。所以，2024年后，中国可能会有一定的通胀压力，房产的抗通胀属性会被给予一定的市场溢价。

第三，机会成本逻辑。这是最具象、最个体的逻辑，也是决策时最实用的逻辑。所谓机会成本，就是你为了一个机会而放弃的另一个机会的成本。比如说，你手里一共有300万元，付了房子的首付后，就没法再买股票、债券了。股票、债券可能挣到的钱，就是你买房的机会成本。

除了这三重逻辑，更直截了当的问题是，我有其他选择吗？然后还要问自己，我的生活目标是什么？这两个问题，每个家庭都需要拷问自己三遍。只有获得清晰的答案，才能为家庭财富做出更好的安排。

人不同，场景不同，答案也不同。我的答案是，**一事一议，快速迭代**。下面我们就通过三个不同的案例，讲讲在不同的场景中该如何应对。

四五线城市家庭

以周阿姨为例。周阿姨一直在大城市里陪伴、照顾老人，但她现在已经五十多岁了，大概再干十年就干不动了，那时她该去哪里呢？留在上海？没有社保、退休金，没有足够的收入，不太现实。想来想去，只能回户籍所在地养老，老家有地，物价低廉，还有基本的社会保障。

那么，周阿姨手里现有的几十万元储蓄能干什么呢？

买股票，买债券？她连最基本的概念都没有，别提什么价值投资理念、挑选基金经理，更别提什么宏观策略、股权回报。对于80%以上的中国老百姓来说，这些其实十分遥远，掉坑的概率远大于赚钱的概率。

另一个选择是存银行。存银行的利率极低，2022年，央行三年期定期存款基准利率只有2.75%，存到银行里的钱压根增不了值。不过，对于四五线城市的家庭来说，资金更可能是以"白条"（亲戚熟人之间拆借）的形式存在。根据央行2019年中国城镇居民家庭资产负债情况调查，中国居民家庭的资金中有一半是现金，其中"白条"占中国社会金融资产的12%以上，尤其是县城以下的乡土社会，民间借款比例高达64%，这些借款的坏账率不言而喻。同时我们能够想象得到，一个老人在乡土社会中生活，很多时候逃不开这张网。

曾经有朋友对我说，你要知道，大部分人未来所能实现的资产收益率是负的。当时我还觉得这句话过于残忍，但在周阿姨问"我的钱应该怎么办"之后，我呆了半天，突然无力地发现，"周阿姨们"并没有更好的选择。房子买下来，可能会是负收益率，但不会血本无归。这不是一个最优决策，但可能是保证安全底线的次优选择。所以，最后我回答周阿姨，那你还是买房吧，不过一定要记得，尽量买在县城里学校周边或者其他容易出租房子的地段。

这个问题不是特例，数亿底层劳动人民都面临着这样的问题。在外打工的"60后""70后"回老家买房，可能是因为面临叶落归根的问题，而在外的"80后""90后"回老家买房，则是因为面临着别无选择的问题。他们的孩子大多留在老家上学。2022年以来，各地政府给楼市松绑，积极"救市"，尤其是县级政府，用尽了各种办法，其中一条就是"拿房本入学"。周阿姨的老家是湖南省娄底市的一个小县城双峰县，她告诉我，最近老家的很多亲戚朋友都在买房，因为孩子上小学、中学都是按片区划分，入学需要看房产证，如果没有房产证，入学就会遇到很多麻烦。这样一来，房子即使既没有居住需求也不具备投资价值，但是有入学资格证明的作用，一下子就变成了"刚需"。

很多时候，我们别无选择。

二三线城市家庭

以我们团队小伙伴的原生家庭为例。他们的家分别在山西、山东、贵州、四川、吉林、甘肃等地，父母的职业也多种多样，比如公务员、教师、商人等。他们通常属于城市中产阶级家庭，有一定的积蓄，有一定的认知能力，也起码有一套属于自己的房产。小伙伴问我，老师，我们家该怎么办？

说实话，根据宏观判断与历史数据分析，我当然应该告诉他们，未来十年，基金和股票的年化收益率大概率是超过房产的，因为中国的经济增长将会从城市化驱动转变为好企业驱动，这部分增长的溢价会在金融市场上体现出来。所以，你要做价值投资者，投中国增长。

但我的答案是"买房"。

为什么？因为这是安全底线。

2022年之后，资产的安全底线更加重要。这是一个充满高度不确定性的时代，增长的不确定性是在不断加大的。

在趋势确定的时期，"梭哈"[1]趋势可能是最优策略。但2022年之后缺乏确定的长期趋势，任何趋势都可能被反复的波折打碎。任何今天看起来最稳妥的投资，明天都有可能变成最危险的投机。所以，家庭更需要保底，需要将下限守得更牢，这样才有机

---

1 梭哈，来自扑克游戏"梭哈"，形容赌上所有筹码，一次性全押。

会追逐上限。即使追逐上限失败，也不至于导致命运轨迹改变。

2022年，我有一个朋友买了不少黄金，就是小金条那种实物黄金。我觉得不划算，不说别的，实物黄金的磨损和携带都是成本。但朋友有自己的逻辑，他认为，这是应对最坏情况的预案，对这些黄金并没有收益率的期望，无论是10%还是–10%，都不在考虑范围之内。就像古人身上随时备着的火折子一样，它也许不能照亮旅程，却可以帮助你度过最黑暗的时刻。更何况，这也是一种心理安慰。时代的动荡不可怕，心理的动荡才是最大的敌人。**心里有底，做人做事才能更好地往前冲。**对于很多二三线城市家庭来说，房产就是动荡时代的安全底线和心理安慰。你可以问问自己，你的底线是否已经扎得足够牢靠？

在这个案例里，还有一个现实问题——买哪里的房子。

我的答案是，首先支援孩子在北上广深落地生根，帮助孩子付一线城市房子的首付，先让一只脚迈进中产的大门。如果家境好，就直接给孩子；如果家境不够好，就当作长期免息或者低息贷款，也算是变相储蓄。剩下的财富，最多放一半在金融资产上，其余的可以在所在省份的省会或者大城市买房，即使收益率并不高。

我们团队用详细的大数据做过分析，发现有一个因素对中国人口的流动影响非常显著，那就是广义上的乡土情结。

第一，人口天然会朝着与自己毗邻的，文化、气候、饮食都相近的最大都市流动。比如东北人流入北京，华东和华中北部的人流入上海，华中南部的人流入广州、深圳，而西南、西北的人则倾向于成都、西安这些"水土更服"的地方。

第二，除了北上广深外，所有城市的人口第一流向地都是本省省会。比如湖南人去长沙、辽宁人去沈阳、河南人去郑州、云南人去昆明，无一例外。更有意思的是，"985""211"大学毕业的学生回本省工作的比例很高，因为更容易进入体制——熟人的社会网络在这种时刻会起到巨大的作用。

出于以上原因，我之前给团队小伙伴的建议是，如果在北上广深买不了房子，要"够一够"，尽量买自己所在省份的省会城市的房子，因为这样收益率会偏高。但是2022年，我觉得要稍微调整一下说法。

比如，我们团队其中一个小伙伴来自山东潍坊，她父母如果再购房，应该在潍坊买，还是在济南买？从纯经济角度分析，应该是后者。但如果考虑到未来不管是潍坊还是济南，房价的涨幅都不一定高出通胀太多，反而是房子本身的附加值，比如学区、商业便利度，以及物业等因素更容易产生高下之分，决策就会发生变化。

孩子在北京，大概率是不会回山东了。自己未来要么去北京，要么留在老家。把房子买在老家潍坊，似乎是最优选择，毕竟包括亲戚、朋友、同事在内的几十年的社会关系网络都在本地，看个病，办点事，聊个天，组个牌局，包括挑个好楼盘，都要方便得多。而如果买到省城济南，虽然离得并不远，但在某种程度上也相当于背井离乡、连根拔起。当然，如果孩子大学毕业后回省城工作，这个决策又会变得很简单。

所以，跟着家庭网络、社会网络走，才是归宿。人类毕竟是社会动物，而不是纯粹的经济动物。

一线城市家庭

以我身边的朋友为例。他们大多生活在北京和上海，是传统意义上的精英家庭、高知，也是拥有千万元以上流动资金的高净值家庭，拥有两套房，并且处于职业上升期。按照一般人的眼光来看，这还有什么可烦恼的？实际上，这样的家庭烦恼并不少。

人类确实是这样一种动物：一旦你拥有过，失去的痛苦就会远远超过从未拥有的痛苦。所以，在和大部分人一样烦恼"钱从哪里来"的同时，这些家庭还在担心"钱到哪里去"。尤其是习惯了21世纪前20年的平稳高速增长模式后，2020年之后的生活，就像一条大河从宽阔平静的水域进入狭窄汹涌的峡谷地带，分外惊心动魄。

但是，我突然意识到，2022年之后的几年，对这批中上产家庭来说，其实是一个相对友好的时期，是一个财富洗牌的好机会。

以前中国资产生态的游戏规则，其实是鼓励冒险主义的，正如中国前首富王健林说的，"清华北大，不如胆大"。这中间的曲折，不能简单以对错论之。有很多了不起的企业成长起来，造就了中国奇迹，但也确实有很多所谓的"原罪"。我在企业家课堂上说过一句话："那时候你有多宏大的愿景，就有多高远的天空。"当时的上限由愿景决定。但是，从2021年开始，这个机制发生了结构性转变，"规范"成为关键词，也就是说，不是不允许跳舞，而是要在划定的圈子里跳。

边界不再由自己界定，但只要认清边界，在边界内仍然有生存空间。

回到房产这个话题。对于生活在一线、拥有一定积蓄的高净值家庭来说，一线、积蓄，以及相应的社会网络，这些本身就是可以加杠杆的资产。拥有这些资产的家庭如果不敢加杠杆，必然要错过某些可能的春天。

那什么样的杠杆是可加的、在边界内的呢？

杠杆有很多，但最基础的、最不具有风险的、最规范的就是房贷。如果按照30%~50%的首付计算，就相当于你用了两到三倍的杠杆。挑选核心城市的房产，即使房产每年只有5%~7%的涨幅，你也能获得10%~20%的年化收益率，几年就能实现资产翻番。对于那些现金流仍然稳定、处于上行期的家庭来说，这是一个风险很低、保险系数很高的策略。

想明白这个逻辑后，我让北京的一个朋友将手里一套普通的小住宅置换成核心区的大房子（个人认为120~160平方米的房子是保值空间最大的），但是也不要过大，避免未来的豪宅税。而上海的朋友，没有额度，也没有换房空间，可以考虑在全球最大的两三个城市的核心区域配置房产（因为杠杆率可以放得很高）。在此之外，再考虑股权资产和数字风险资产。

这些思路都出奇地一致——在现金流条件允许的情况下，在相对安全的优质资产上加杠杆。这就是规范的、在边界内的思路。

但是，你发现了吗，不管在哪个城市，从一线、三线到五线，从国内到国外，所有房产都加了一个定语——核心区，也就是一个城市里人群密度最高，商业、文化最发达的区域。作为一项重要资产，房子价格狂飙的时代已经过去，那么最重要的收益来自哪里呢？租金涨幅。所以，配置房产时，一定要挑租售比高的，租金与售价的比值越高，房产就越好出租，租金涨幅也越快。这就好比买了一只股票，开始是成长股，不用看现金分红，只看股价涨幅就行了。但是20年过去，成长股变成了价值股，这时候股息率就变得非常重要。古今中外，概莫能外，核心区的租售比最高，租金涨幅最快。

掌握了这几个逻辑和原则后，每个家庭就可以做出自己的决策了，比如孩子有出国留学打算的，有习惯海外安静生活的，有适应不了英语环境的，有制度约束的……每个人只能根据自己的情况及时迭代、更新。世界上的问题没有唯一的答案，投资的世界里更没有绝对的对错，不管是自己的状态，还是外部的环境，都处于时刻变化中。

变，才能通。

还贷还是不还贷，这是个问题

2022年的潮流之一，是提前还房贷。

4月，我跟我的两个已经毕业的博士一起吃饭。他们一个是年轻的券商首席，一个是年轻的高校金融教授，都在2017年被家人催着买了房。坐下来之后，他俩不约而同地告诉我，把房贷提前还掉了。

我大跌眼镜，问为什么。

券商首席说，现在不确定性太大，自己还有两个孩子，很难想象万一自己什么时候身体不好或者失业，家里要怎么办。所以，先把房贷还了，让债务率降低一点。

金融教授一方面有未雨绸缪的想法，另一方面还有自己的收益率估算：房贷利率在5%左右，相当于5%的利息支出，而市场上现在并没有收益在5%以上的稳妥理财产品，未来相当长的一段时间可能也没有，提前还贷，就相当于买了一个5%收益率的理财产品。

金融教授的想法不是特例，打开小红书、抖音、微博等社交平台，你可以看到，很多人都在提前还贷，有的全款结清，有的分批提前还本。

提前还贷

提前还贷到底合不合算？我们团队就此进行了估算。假设你有一笔30年期限的300万元房贷，按照等额本息还款（每月偿还的本金和利息总额不变），房贷利率5%。

目前你手里有100万元流动资金在做投资，但是因为市场不好，年化收益率大约是2%。千万不要以为这个假设不靠谱，实际上，从2021年开始，截至2022年9月，标普500回报率为–3.11%，美国国债回报率为–18.47%，黄金回报率为–13.28%，中国的上证指数、恒指指数和创业板指数回报率则分别是–12.92%、–34.14%和–22.83%。

我们算一下，未来12个月，正常还房贷和提前还房贷，到底哪个策略花钱少？

第一，正常还房贷，100万元流动资金投资金融资产，未来12个月产生的现金流是173344元。

第二，流动资金提前还本金，不投资金融资产，未来12个月产生的现金流是128892元。

具体算法如下。

第一，正常还房贷：

$$每月还房贷 = \frac{[3000000 \times 0.00417 \times (1+0.00417)^{360}]}{[(1+0.00417)^{360}-1]} = 16112元$$

支出＝房贷现金流支出＝16112×12＝193344元

收入＝金融资产×2%＝1000000×2%＝20000元

净支出＝193344-20000＝173344元

第二，100万元流动资金直接还本金，剩余200万元房贷：

$$每月还房贷=\frac{[2000000×0.00417×(1+0.00417)^{360}]}{[(1+0.00417)^{360}-1]}=10741元$$

支出＝房贷现金流支出＝10741×12＝128892元

正常还房贷，未来12个月，支出共173344元。提前还房贷，未来12个月，支出共128892元。

换句话说，按照5%的房贷利率，30年等额本息贷款，提前还贷100万元，未来12个月可以节约支出44452元，相当于每个月少支出3704元。如果300万元全部提前还完，每个月少支出的数字则变成了11112元。

这样看上去，提前还贷确实是相对合算的。

但要注意的是，这些计算是有前提的。其中一个假设是房贷利率不会变。如果房贷下降到4%或者3%，节约的支出就会变成37260元和30588元。2023年，房贷利率下行的趋势还是比较明显的。所以，如果你采用的是浮动利率，提前还贷的"合算"可能就会打个折扣。

另一个假设是这100万元的投资年化收益率是2%。如果能保持平均5%以上的年化收益率，就没必要提前还贷，否则几年下来要少赚很多。

2022年9月，我们在微信公众号"香帅的金融江湖"做了一个小调查，想看看大家的实际房贷究竟是多少，结果十分出人意料。

参与调研的人群中，尽管绝大部分家庭的房贷利率在4%~5%，但三线城市家庭承受的房贷利率最高，一半家庭超过5%，10.04%的家庭超过6%。三线城市居民本来投资渠道就少，尤其在2022年这种经济情况下，获得超过6%年化收益率的机会更稀缺，所以对很多人来说，提前还贷确实是一个比较理性的选择。

恶化的预期

那一线城市的年轻人，甚至是金融行业的专业人才，为什么也要提前还贷呢？

问题主要在于预期。在恶化的预期下，这种决策未必"合算"，但是"合理"。

对于"90后"年轻人来说，预期恶化意味着未来收益率增长有限，收入的增速也有限，但自己面临的开支相对刚性，养娃和父母养老的压力会随着时间上升。所以，他们是在现金流充沛的时候做跨期配置,将未来的支出平移到今天,希望平滑未来现金流,保障支出安全。

站在经济学家的纯理性角度,我当然认为这是非理性的行为。但人类就是情绪性动物,免于恐惧,保证安全,这些基本的反射性诉求会时刻干扰所谓的理性决策。个体情绪是集体性的,会很快在宏观上显露出来。用金融学术语来说,类似2022年这种提前还贷的行为叫作"主动的居民缩表行为",会引发整个社会资产负债表的收缩。

如果这种趋势持续下去,对于一个信用社会来说,是非常头痛的事情。大家都不想花钱,需求萎缩,导致供给下降,就业情况更差,需求更低,最终陷入螺旋式萎缩。历史上出现过很多次这种情况,其中最严重的是1929年的大萧条,给全世界的经济造成了巨大的创伤,至今仍是教科书里的经典案例。日本在20世纪90年代后期也曾陷入这个螺旋,但由于日本政府不断扩大财政赤字,以政府消费弥补需求缺口,使得经济只是在低增长上打转,而没有"塌方"。

我跟其他朋友讨论过提前还贷这个现象,大家的结论是:如果经济起不来,收入水平下降,金融市场持续低迷,预期会继续恶化,提前还贷行为还会持续和扩大。世界上的事情没有那么多对和错,存在即合理。

不是黑铁，而是青铜时代

既然当下的提前还贷是一个预期问题，那么一旦预期被改变，这个行为可能就会消失。问题来了：2023年，预期会被改变吗？

万科集团董事会现任主席郁亮曾经说过，房地产进入了"黑铁年代"[1]。从2021年9月恒大"暴雷"开始，这句话似乎一语成谶。

2021年11月，奥园、佳兆业、富力等地产公司陆续"暴雷"，紧接着就是各种农民工欠薪、上下游资金链断裂的消息。进入2022年，关于烂尾楼、房企债务违约、土地流拍的新闻，几乎天天都有。

2021年第四季度之后，房地产开发投资增长率出现了塌方式下滑，从8.8%一路下滑到4.4%，商品房销售额增速也跌至2014年以来的新低。地方财政更是出现了巨大的窟窿：地方国有土地使用权出让收入增长率从8.7%下降到4.8%，土地契税增

---

[1] 在希腊神话中，人类的历史被分为五个阶段：黄金时代、白银时代、青铜时代、英雄时代、黑铁时代。在黑铁时代，众神将痛苦、烦恼带到人间，人类为了生活，被沉重的劳作所折磨，甚至出现了弱肉强食、父子兄弟相残的情况。

长率从14.7%下降到5.2%，土地增值税增长率则从14.6%下降到6.6%。

与之呼应的是中国GDP的增长率：从2021年第四季度到2022年第三季度，中国GDP增长率分别为4%、4.8%、0.4%和3.9%，同期房地产和建筑业对GDP的贡献率分别为-9.39%、-1.83%、-56.55%和7.59%，相关性高达94.1%。

中国GDP增长和房地产行业之间的关系，有点儿像老子和不受待见的儿子，又有点儿像相处了几十年、闹离婚的夫妻，牵扯太多，想要了断，却被迫没完没了地藕断丝连。

从2021年发布"两道红线"[1]限制购房者的资金供给，"三道红线"[2]限制开发商的资金需求，以及各种限购、限售政策，到2022年连降LPR（贷款市场报价利率），鼓励干部带头买房，甚至地方政府出资回购房子，支持房价——爱恨情仇，都不过是翻云覆雨的手。

我们先把政策这只翻云覆雨的手拿开，回到行业本质，观察2022年之后的房地产行业，可能会更容易看出趋势。

21世纪前20年，中国房地产行业经历的黄金时代和白银时代，本质上就是中国城市化的黄金时代和白银时代。只是因为

---

[1] 2021年年初，央行和银保监会发布了《关于建立银行业金融机构房地产贷款集中度管理制度的通知》，为房贷设置了两道红线：第一道红线是"房地产贷款占比"，第二道红线是"个人住房贷款占比"。

[2] "三道红线"是央行和住建部限制开发商融资的政策，针对所有开发商制定了三个标准：第一，剔除预收款后的资产负债率大于70%；第二，净负债率大于100%；第三，现金短债比小于1。

中间有很多剧烈的政策波动，比如限购、限售、刺激、收缩等宏观调控政策，以及土地用途管制、预售制等制度设计，让行业的生命周期发生了一些变形，但并没有让生命周期消失。

白银时代之后，不应该是黑铁时代。

为什么？因为房地产行业对任何经济体来说，都举足轻重。直到今天，房地产行业对美国GDP的贡献率仍然有11.5%，房地产抵押贷款在所有贷款中的占比也高达36.56%，是绝对的顶梁柱。

更何况，中国的情况非常特殊。从20世纪90年代末开始，地方政府以土地为抵押品进行借贷，房价越高，流动性越好，抵押品质量越好，银行越愿意贷款，创造了一套以土地金融为基础的资本生成模式。这个模式被称为"土地货币信用体系"，在中国的信用生成机制中扮演了重要角色。过去的几年，这个角色的重要性略有下降，但中国并没有找到一个能与之相媲美的信用生成方式。而现代经济增长，如果缺少信用生成的阀门，是很难启动的。

所以，不管是国际经验还是国内现实，房地产作为一个有400多万亿元存量的巨大市场，作为中国迄今为止最重要的信用生成机制之一，未来，起码在近期，在中国经济增长中不可能失去踪迹。

他山之石

未来房地产会以什么样的面目来扮演自己的角色呢？历史的他山之石，也许能给我们一些启示。

20世纪90年代初的日本房地产，面临的情况跟今天的中国有一点点类似，经济下滑，土地价格下跌，预期悲观，外部环境恶劣……但说实话，两者的严重程度完全不在一个量级。当时的日本资产负债表恶化得非常严重，大量房企破产清盘，作为日本三大开发商之一的三井不动产，仅1997年就亏了440亿日元。也正是在这种压力下，三井的自救和转型路径极为清晰。

首先是瘦身，砍掉所有旁枝末节的业务线，对大量下属企业进行清算和结构调整。2005年前后，三井开始实施新的发展思路，减少负债，扩大轻资产，培养盈利能力高的新业务线。在这一时期，三井的核心是现金流：为了保证现金流储备，三井毫不犹豫地以超低价格出售了拥有东京迪士尼乐园经营权的公司Oriental Land的股权，回笼304亿日元。其次，为了保证现金流稳步提高，三井在负债目标上极为严格，要求所有需要偿付利息的负债不得高于1.45万亿日元，债务股本比低于3.2。经过这些改造后，三井逐渐实现了由杠杆驱动盈利到精细化运营驱动盈利。

与此同时，存量时代需要布局多元化业务，三井走的是差异化路线。比如，轻资产代建；盘活存量房的经纪和租赁业务，用包租和托管模式打造属于自己的出租公寓品牌；在租赁业务的基础上，继续深挖基金管理（REITS）业务，成为开发商转型金融管理的典范。

通过这一系列动作，三井成功转型，实现业绩修复，2003—2007财年的归母净利润涨幅高达503%，同期股价更是上涨217%。

以质取胜

在接下来的几年，中国房地产面临的是一个行业增速下行甚至缩量的局面，但越是这种时刻，利润表越是房企最后的防线。2022年8月，我一路从珠三角看到长三角，发现房地产行业开始出现品牌溢价。这不是什么秘密，而是商品世界的普遍规律：匮缺的时候，以量取胜；丰裕的时候，以质取胜。

房产是一种非常特殊的消费品，房贷的月供在资产负债表上，是被计算在"储蓄"，也就是"投资"项之下的。更准确地说，房产是一种天然具有金融属性的产品。在过去20年中国规模巨大的城市化进程中，居民严重缺乏投资渠道，再加上财政、金融等监管政策的变动，在各种因素的作用下，中国房产的金融属性被过度强化，房子本身的产品属性反而被忽略，只有万科等寥寥可数的房企能获得产品本身质量、品牌的溢价。随着城市化进程进入尾声，人口增速断崖式下降，以及宏观政策对

"房住不炒"的强调，有些企业早早敏锐地意识到，房地产丰裕时代的存量博弈市场拉开序幕，产品质量开始成为核心竞争力之一。

房子是居住的载体，除了软性的教育、医疗、商业等服务设施外，建筑设计、材料等方面的更新迭代，房型是否现代、合理，物业管理、园林设计、居住体验等，都是产品质量的体现。比如，重庆有几个楼盘，有的引入了五星级酒店的装修风格和酒店物业管理模式，有的园林设计特别好，有的房型设计特别好看，所以，在其他房企"揭不开锅"的几年，这几个楼盘的价格要比周边楼盘贵近20%，并且十分抢手。在无锡，朗诗的楼盘比周边楼盘每平方米贵3000多元，仍卖得"一枝独秀"。我特地去实地看了一下，发现道理很简单——物业比较好，房子质量也不错，房间里可以实现静音，并且预装了水循环恒温恒湿系统，温度、湿度稳定。

大中城市如此，小城镇也一样。比如在我们团队小伙伴在山东、山西的老家，也有房地产商开发的养老楼盘，社区内建设了公共食堂、老年活动中心，以及诊所，房价每平方米比周边楼盘高一两千元，也是供不应求。

此刻，我脑子里居然出现了一个有点悲伤的笑话——中国房地产，也终于来到了卖"哈根达斯"的消费升级年代。未来几年的中国房地产，不是无可救赎的黑铁时代，而是朴素的青铜时代，经得住高温的炙烤，才能被浇铸成恒久流传的青铜制品。

一个男人要历经多少旅程，才能被称作男子汉；一只白鸽要飞越过几重大海，才能在沙滩上安眠；炮弹要多少次掠过天空，才能被永久禁止；答案啊，我的朋友，就飘在风中；答案就在风中飘荡。[1]

是啊，答案就在风中飘荡。

---

[1] 〔美〕鲍勃·迪伦《答案在风中飘荡》。

第四章

疤痕效应

巨大的变化在表面上常常是不动声色的。

——〔捷克〕米兰·昆德拉《被背叛的遗嘱》

存钱，存更多的钱

消费的疤痕

杨杨是"90后"，在上海世纪大道的一家金融机构上班，属于典型的高收入、高消费阶层。他租的房子位于陆家嘴街道，2022年6月，街道解封后，他做的第一件事不是去公司，而是去中国建设银行的线下网点，确认自己注销信用卡的手续已经全部完成。

理由很简单：在因为疫情被封控的一个多月中，他一方面眼睁睁看着公司的员工数量不断减少，提成、奖金不再发放，自己的基本工资也被调至最低档，另一方面，又不得不为迅速涨价200%，甚至300%的生活必需品买单。打开手机，看着信用卡待还账单，他突然紧张起来：万一哪天公司把自己"优化"（裁员）了，拿什么还钱？难道要找亲朋好友东拼西凑吗？

回头盯着自己的LV（路易威登）钱包、Longines（浪琴）手表、Bose（博士）耳机、Chanel（香奈儿）男士香水，他开始发呆：它们对我来说，真的有存在的必要吗？没有，我的生活完全可以没有它们。他有点儿庆幸自己没买房，没有还房贷的压力。

现在,杨杨每月的基本工资到手只有1万元,扣除房租和必要的生活花销,剩不了几千块钱。不过,不管剩下多少钱,他都会全部存起来。

杨杨不是特例。2022年,人们开始存钱,存更多的钱。

2021年全年,我国居民存款增加9.9万亿元,而截至2022年6月,居民存款已经增加了10.33万亿元,半年存完了过去一年的钱。截至2022年9月,居民存款增加了13.21万亿元,创下了前三季度的历史新高。[1]

这个数据背后,是消费的巨大疤痕。几乎所有节假日的消费数据都呈断崖式下跌。相比2021年,2022年"五一"假期,全国旅游业务一片惨淡,出游人次同比减少了三成,旅游收入同比减少了四成。到2022年"十一"假期,全国出游人次同比减少近20%,旅游收入同比减少26.2%。[2] 电影票房更是惨淡,"五一"和"十一"两个黄金档期的票房收入分别是3亿元和15亿元,同比分别下降82.5%和65.8%。[3]

如果说旅游、票房收入降低可能是受到了疫情防控的影响,存在"放开即暴涨"的可能性,那么,"双十一"电商收入的惨淡局面,就很难用线下不方便来解释了。按照惯例,"双十一"

---

[1] 数据来源:中国人民银行历年《金融统计数据报告》。
[2] 数据来源:文化和旅游部数据中心官网。
[3] 数据来源:猫眼专业版。

结束的时候（11月12日0点），各大电商平台会发布自己平台GMV（商品成交总额）的战报，但2022年，所有电商平台都沉默了。天猫商城淡淡地一句话总结道，"2022年双十一稳中向好，交易规模与去年持平"。虽然平台出于各种原因没有公布GMV数据，但我们可以从"双十一"物流数据中窥探到"寒气"。国家邮政局监测数据显示，2022年"双十一"高峰期间（11月1日至11日），全国邮政快递企业共处理快递包裹42.72亿件，较2021年同期下滑10.6%。

线下更不用说。

2022年"五一"假期，成都并没有受到疫情的严重影响，但是，成都的餐饮市场已经疲软到极点，销售额仅为2021年同期的50%~60%，部分品类只恢复了10%~20%。

需要和2020年进行对比，我们才能看出问题。2020年年初发生疫情后的2个月内，成都的餐饮市场基本实现了全面恢复。根据成都餐饮同业公会当时发布的数据，到2020年3月中旬，全市1160家大中型餐饮门店复工率已经超过93%，堂食恢复率超过78%，3月的餐饮收入已经恢复了近八成。

2020年，除了2月和3月，新冠疫情对成都的餐饮市场几乎没有太大影响。但2022年完全不一样。"五一"假期后，包括吼堂老火锅、霸王虾、甘食记等在内的近20家餐饮企业创始人联合发了一封"成都餐饮创业者联名求援信"，申请部分减免或者缓交租金。面对无动于衷的消费人群，这些经历过无数风浪的餐饮老炮儿们忍不住发出了灵魂三连问：是菜品不够美味？是价格不够公道？还是服务不够体贴？

在微观个体层面，他们都尽力了，但他们没有看到的是，在宏观层面上，有一道巨大的疤痕，让所有人都捂紧了自己的钱袋子。

2022年9月，我们做了2022年"香帅财富报告·财富能力测试"调研，共计有20611名用户参与，其中仅有2.983%的人认为目前更多地消费是合理的，有46.063%的人认为应该更多地储蓄，有50.954%的人认为要更多地投资。（参见图4–1）

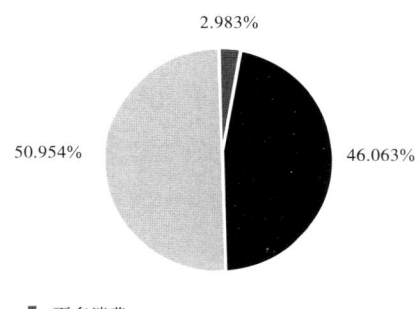

图4–1 财富能力测试题目：目前你认为哪种选择最合算

得到App和"香帅的金融江湖"公众号的用户大部分属于相对高学历、高收入的年轻群体，对生活品质有很高的追求。

在受调研用户中，2022年仅有1687人存在奢侈品支出（占比8.2%）——2021年这个数据是12.6%。但即使是这样的人群，2022年也大幅减少了非必要消费。（参见图4-2）在有奢侈品支出的人中，又有37.82%的人下调了支出金额（大幅降低占比18.85%，小幅降低占比18.97%）——比如原来买手拎包的，2022年就意思一下买个钱包。同样地，2021年，近70%的受调研用户有休闲娱乐旅游支出，2022年则剩下50%左右。在这50%的人群中，大多还开始消费降级，减少了支出的金额。

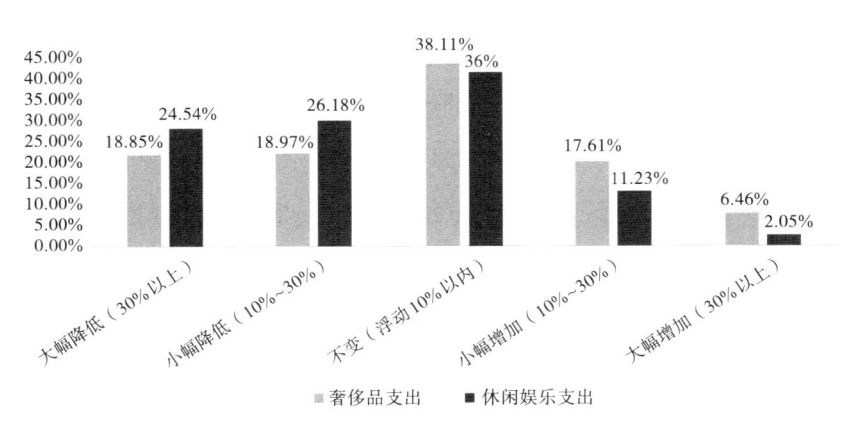

	大幅降低（30%以上）	小幅降低（10%~30%）	不变（浮动10%以内）	小幅增加（10%~30%）	大幅增加（30%以上）
奢侈品支出	18.85%	18.97%	38.11%	17.61%	6.46%
休闲娱乐支出	24.54%	26.18%	36%	11.23%	2.05%

图4-2　财富能力测试题目：奢侈品和休闲娱乐支出增减情况

不消费的原因很简单——消费欲望下降。

在受调研用户中，因为没钱而被迫减少消费的只占16%，受疫情限制影响消费的只占16.16%，绝大多数人不消费是因为想存钱。央行的城镇储户问卷调查数据也显示，2022年，居民储蓄意愿达到了有数据记录以来的历史极高值,甚至超过了2008年次贷危机[1]和2012年欧债危机[2]时期。住户存款的大幅提升也证明了这一点。

"感觉没钱比真的没钱更可怕。"成都的一家品牌咨询创始人用大白话说出了大家的恐惧。

企业也开始存钱

个人和家庭拼命存钱,企业也不例外。

2022年8月,华为的创始人任正非一句"让寒气传递到每个人",说出了中国企业界的普遍心声。他在内部会议上,以《整个公司的经营方针要从追求规模转向追求利润和现金流》为标题,给华为确定了未来的战略:**改变思路和经营方针,从追求规模转向追求利润和现金流,保证度过未来三年的危机。**

2022年前三季度,华为销售收入为4458亿元,主营业务利润率6.1%。对比2021年同期的10.2%,2020年同期的8.0%,2019年同期的8.7%,6.1%这个数字几乎是过去4年的历史最低值。[3] 大概从2021年开始,华为最大的战略就是"缩减开支,增加现金储备"。2020年,华为卖掉荣耀,回收了500多亿元现

---

1 由美国国内抵押贷款违约和法拍屋急剧增加所引发的全球性金融危机。
2 2008年金融危机后,欧洲部分国家因在国际借贷中大量负债,超过了自身清偿能力,导致无力还债或者必须延期还债,从而引发了整个欧洲的主权债务危机。
3 数据来源:华为公司官网历年经营业绩公告。

金，销售费用和管理费用减少了100多亿元。[1]

从追求规模到追求利润，在"现金流至上"道路上掉头转向，华为不是孤例。

比如腾讯。腾讯在"省钱"方面，主要采取了两项措施。

第一，控制成本。

截至2022年6月，腾讯员工总人数与2021年同期相比，减少了16533人。此外，腾讯还取消了部分外包员工的餐厅福利，并对所有员工不再免费提供餐盒和水果。总之，腾讯力求从各个环节节约费用，减少开支。

第二，收缩战线。

一方面是砍掉非核心业务，包括QQ堂、小鹅拼拼、搜狗地图、企鹅电竞在内的近10款产品的运营戛然而止。这不仅是2000年以来腾讯首次撤掉这么多在运行业务，更是公司战略层面的变化。要知道，腾讯的成功，很大程度上来自内部项目的"赛马机制"，对项目的并行，甚至冗余的容忍，一直是腾讯企业文化的一部分，是腾讯在高速增长期的竞争策略。但2021年之后，这种策略的性价比显著下降，减少冗余、轻装上阵变得更重要。

另一方面则是收缩投资。从2021年年底开始，腾讯陆续减持京东、海澜之家、冬海集团、步步高、新东方在线、华谊兄

---

[1] 数据来源：华为公司2021年年报。

弟等公司的股票，其中仅京东就减持1277亿港元（约合1042亿元）。通过这些减持，腾讯回收了1400多亿元现金。[1]

截至2022年9月，腾讯虽然市值跌到了2.56万亿元，但账上趴着高达2939亿元的现金。仅2022年二季度，腾讯就创造了近千亿的自由现金流。

像腾讯这样把"拥抱现金，储粮过冬"这几个字大大地刻在额头上的互联网企业不止一家。阿里巴巴的资产负债表上躺着至少4633亿元现金资产（含现金等价物及短期投资），京东、百度、字节跳动的账上则分别趴着1300亿元、1783亿元和10783亿元。[2] 大家不约而同地收缩战线，保守投资，换回现金。

除了互联网企业，实体企业同样追求"现金为王"。比如复星，2022年减持了青岛啤酒的H股股份，套现41.4亿港元（约35.19亿元）；减持豫园股份，套现约19.37亿元；减持金徽酒股份，回收现金近20亿元；减持招金矿业，回收43.95亿港元（约37.36亿元）；减持泰和科技和中山公用，分别套现3.65亿元和2.35亿元；减持海南矿业，套现超7亿元。算下来，仅2022年，复星就回收了100多亿元现金。[3]

一般来说，我们会用现金比率和现金持有比例来衡量一个企业的变现能力。所谓现金比率，就是公司所有的现金、股票、

---

[1] 数据来源：Wind腾讯控股公告。
[2] 数据来源：Wind相关企业公告。
[3] 数据来源：Wind相关企业公告。

债券等超高流动性资产除以公司所有的流动负债（包括短期借款、应付票据、应付账款等）的比值，现金持有比例则是指现金资产和总资产的比值。这两个比值越大，意味着企业的现金越充足，短期偿债能力和变现能力也越强。

表4-1是我们团队统计的2006年到2022年，A股上市公司平均现金比率和平均现金持有比例。很明显，2022年的这两个数字，几乎是过去十年的历史最高值。

表4-1 A股上市公司平均现金比率与平均现金持有比例（2006—2022年）

年份	平均现金比率	平均现金持有比例
2006	0.57	0.15
2007	0.65	0.18
2008	0.76	0.18
2009	1.03	0.22
2010	1.92	0.25
2011	1.85	0.24
2012	1.50	0.22
2013	1.15	0.19
2014	1.00	0.17
2015	0.98	0.18
2016	1.01	0.19
2017	0.98	0.18

续表

年份	现金比率	现金持有比例
2018	0.94	0.18
2019	1.24	0.22
2020	1.48	0.25
2021	1.52	0.24
2022	1.61	0.24

注：2022年采用中报数据计算，其他年份均采用年报数据。

从这张表上，我们有两个非常有意思的发现。

第一，以2008年为界，中国企业在变现能力的追求上有显著变化。2008年之前的平均现金比率远低于2008年之后，2008年到2012年的平均现金比率呈现逐年上升趋势。这个现象说明，在经济体的高速增长阶段，企业的第一目标是扩张，会把手头的资金尽量多地投入项目中；当投资机会减少时，企业的账上则会留存更多现金，降低负债风险。2008年到2012年是一个分水岭，在这之后，企业负债投资的冲动明显下降。

第二，大的负面冲击会使企业变得保守谨慎。这种变化一般会持续数年，负面冲击越大，变化持续时间越长。2008年金融危机前后，企业的平均现金比率从2006年的0.57直线上升到2009年的1.03，直至2012年才开始下行。同样地，2020年新冠肺炎疫情也引发了企业"深挖洞，广积粮"的热情，2019年平均现金比率为1.24，2022年已经上升到1.61。

在危机中"现金为王"，是企业的生理反应。2022年3月，还没有到这一年疫情最艰难的时候，白鸦（有赞CEO）在复盘公司业务的一封内部信中，直接喊出"3000多有赞人要一起实现正向现金流"的目标。现金流是企业的生命线，一旦现金流断了，就等于宣布企业死亡。所以当危机给企业收入带来直接重创或者不确定性时，企业最直接的选择就是开源节流，维持好自己的现金流。

在1997年亚洲金融危机中，未续上现金流的百富勤（香港当时最大的华资证券公司）、广东国际信托投资公司（广东省人民政府全资直属的金融机构，万科崛起前倒下的超大型房企）、韩宝钢铁（韩国支柱企业）就此倒下，企业们被迫学习到了现金流管理的重要性。即使危机中企业的基本面没有发生任何变化，对未来不确定性的未雨绸缪，也会让企业显著增加对现金的需求。在亚洲金融危机前后，东亚8个国家的企业现金持有比例均快速提升。危机发生10年后，企业的平均现金持有比例仍高达危机前的两倍水平（1996年，6.7%；2006年，12.1%）。

问题在于，企业在危机时期持有的现金，并不是来自增量业务，而是通过减少投资节省下来的。在1997年亚洲金融危机、2008年次贷危机、2012年欧债危机后，不管央行放多少水，企业都选择大规模地减少投资，增加现金储备。当这种反应变成集体性行为后，整个社会的生产投资会持续减少、失业增加、收入下降，让经济陷入负循环之中。

欧洲中央银行前行长马里奥·德拉吉在欧债危机后，发出了一句非常有名的感叹，"虽然金融市场尽力往前了，却没有很好地传导到实体企业层面"[1]，说的就是这种现象。

---

[1] 出自马里奥·德拉吉于2014年发表的演讲，原文为：These positive developments in the financial sphere have not transferred fully into the economic sphere。

疤痕效应

人类对巨大的伤痛会存在长久的记忆。

著名心理学家弗洛伊德认为，一场创伤结束后，它的直接影响会被个体所遗忘，但创伤带来的心理后遗症却仍将持续。中国古话"一朝被蛇咬，十年怕井绳"，说的其实就是这个道理。

经历过大灾大难后，人们的行为会不自觉地发生变化。比如，有研究发现，在印度尼西亚，那些经历过地震或海啸的人，在之后的三年中，性格上会明显变得更加保守，做出冒险行为的可能性会比其他人群低41%。[1] 同样，在日本，经历过大地震后的五年时间内，震区居民会变得更加厌恶风险。

人们会因为一次重大事件，永久性地改变自己的行为模式。也就是说，即使之后一切回归正常，消费者也未必愿意大胆地花钱，企业未必愿意正常地投资、生产，暂时关门的小微个体也未必能够重新开张。

---

[1] Hanaoka, C., Shigeoka, H., & Watanabe, Y. (2018). Do Risk Preferences Change? Evidence from the Great East Japan Earthquake. *American Economic Journal: Applied Economics*, 10(2), 298-330.

美国哥伦比亚大学金融学教授劳拉·维尔德坎普用"疤痕效应"来描述这种现象。做过母亲的人,应该特别容易理解这件事——生孩子的痛苦虽然过去了,但留在身体上的疤痕却会伴随自己很长时间,阴雨天会疼、会痒,留在心里的种种阴霾也久久不散。

历史经验的产物

每个人对未来的预期,都是自身历史经验的产物。比如,中国"80后""90后""95后"这几代人生活在国家快速向上发展的时期,繁荣和增长就是他们的历史经验,所以,他们会认为所谓的经济危机、大萧条这些事离自己很遥远。但是如果经历了一个重大的、长期的冲击,他们就会被现实教育,从而生长出新的历史经验。

比如在经历过一次持续性的饥荒事件后,我们就经常会担心将来再次发生粮食危机。又如在2008年金融危机之后,任何银行的流动性危机,都会被市场反复解读。2022年,金融巨头瑞士信贷的流动性出现问题后,市场马上开始风声鹤唳,担心它会成为下一个"雷曼兄弟"[1],引发新的金融危机。

---

[1] 雷曼兄弟公司曾经是美国四大投资银行之一,因高杠杆投资次级债券产品而蒙受了巨大亏损,陷入流动性危机,于2008年9月15日申请破产。由于多方均拒绝对其进行救助,引发了一连串的资产违约和亏损事件,成为2008年金融危机的导火索。

在长久的冲击事件影响下，我们可能会被教育得过度悲观，更厌恶风险，更追求稳定。个人和家庭更多地存钱，企业攥紧现金，都是"疤痕效应"的后遗症。

图4-3是一张正态分布图。所谓正态分布，就是在正常状态下，一般事物总体呈现出的一种数据分布规律，即处于平均值水平的最多，处于极端值水平的极少。在正态分布下，越偏离均值的数据出现的可能性越小，所以数据是呈"细尾"分布的。比如在我们上学时，大部分同学的学习成绩都是中等水平，满分和不及格的少之又少。

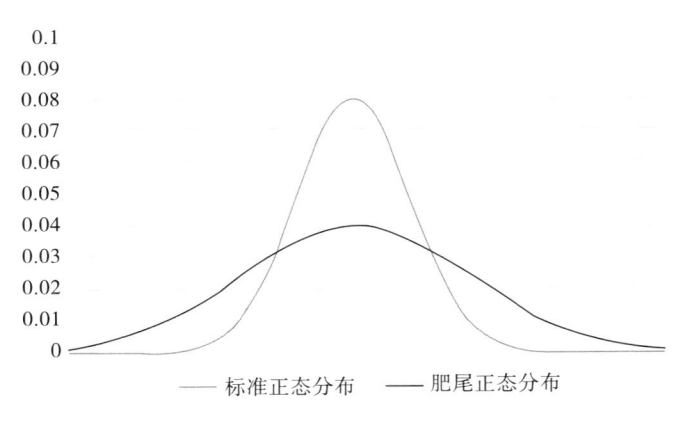

图4-3 正态分布图

但是，在感受过一次重大尾部事件冲击后，我们的思维模式会受到影响，觉得尾部事件并非黑天鹅事件，偏离均值的尾部事件概率因此被人为放大。我们倾向于认为"细尾"会变成"肥尾"。在这种预期下，人们的行为自然会做出反馈，比如深挖洞，广积粮，留余钱，行为趋向于保守；抑或是觉得人生"譬如朝露，去日苦多"，不如及时行乐，走向另一个极端。

疤痕效应

从美国的相关数据里，我们能够清晰地看到疤痕正在持久地重挫长期产出。

比如，尽管从政治和社会生活层面看，美国已经完全走出疫情的阴影，但经济数据显示，在补贴停止之后，美国消费者的支出跟过去相比显著减少。对感染病毒的恐惧，让文娱、旅游等服务行业很难完全复苏。学者们预测，从长期来看，疫情后的经济产出可能会比疫情前的水平低3%~4%。[1]

劳动力市场的疤痕更深。疫情前，美国的劳动参与率一直保持在63%以上的水平，最高曾达到67%左右。疫情中，劳动参与率一度跌到60.2%，此后一直没有恢复元气。截至2022年10月，美国的劳动参与率为62.2%，尽管经济增速已经到了5.9%的历史高点，劳动参与率仍然没有恢复到疫情之前的水平。[2]

63%和62.2%，看上去仅仅不到一个百分点的差距，但实际

---

[1] Aikman, D., Drehmann, M., Juselius, M., & Xing, X. (2022). The Scarring Effects of Deep Contractions. *Bank of Finland Research Discussion Papers*.
[2] 数据来源：美国劳工统计局官网。

对应的劳动力缺口高达160万人。劳动力缺口大，会导致工资水平难以降低，从而影响美国控制通胀的节奏，对货币政策、资本市场都将产生连带影响。

为什么劳动力市场的缺口这么大？原因很复杂，但疤痕效应一定是其中很重要的一个原因。很多资深的劳动者在暂时离开劳动市场后，会因为"疲倦感"而就此永久离开，很多公司也选择永久性歇业。研究发现，2020年3月至5月，有43%的美国公司选择了暂时停业。而在疫情后的恢复期内，有超过10万家公司永久关闭，它们之前提供的劳动岗位也就永久消失了。

除了劳动参与率外，劳动者在遭遇创伤后的疤痕效应可能更致命。人们往往认为"生不逢时"是最悲惨的事，其实"毕业不逢时"也一样。美国斯坦福大学劳工经济学教授保罗·欧耶尔发现，在经济衰退期毕业的MBA学生，会因为起点低，导致终生收入比经济繁荣期进入职场的个体低约150万到500万美元（约合人民币1000万到3500万元），也就是几千万元的差异。[1] 就业市场的摩擦是极大的。如果一个人MBA毕业后，因为大环境不好，没能去华尔街工作，那么他之后再到华尔街工作的难度就大太多了。

初始的职场状态，会对个人一生的收入和职业发展形成持续性影响。一个灰暗、坎坷的开端，可能会带来意想不到的疤

---

[1] Oyer, P. (2008). The Making of An Investment Banker: Stock Market Shocks, Career Choice, and Lifetime Income. *The Journal of Finance,* 63(6), 2601-2628.

痕。中国这几届在疫情中毕业的大学生，在未来相当长一段时间内，可能需要花费巨大的精力来愈合这个疤痕。

不过，疫情只是2022年众多疤痕中的一道而已。中美贸易摩擦、俄乌战争、欧洲能源危机等，无一不在制造长期的创伤。

欧洲能源危机给欧洲工业留下了巨大的疤痕。天然气是欧洲工业的主力能源，在6~10倍的能源价格暴涨下，各大工业巨头开始集体考虑"逃亡"。2022年9月下旬，欧洲最大的汽车制造商大众汽车公开宣称，如果天然气短缺问题仍然持续，大众将把产能转移到德国和东欧以外的地区。紧接着，2022年10月，德国化工巨头巴斯夫宣布，2022年至2026年，将在北美投资250亿美元。

比利时首相亚历山大·德克罗极其悲观地说，"当前的状况持续下去，欧洲可能会经历去工业化的风险"。拜耳集团的高管马蒂亚斯·伯宁格则说，"企业一旦做出投资决定，就很难要求它回来"。[1]而这对已经被失业、通胀压得透不过气的欧洲来说，真的是旧伤未愈，又添新伤。产能一旦萎缩，欧洲的汽车产地市场份额和劳动力市场需求将面临永久减少的风险。

---

1 Peggy Hollinger (et al.), Will the Energy Crisis Crush European Industry?, *Financial Times*, 2022.

漫长的愈合之路

美联储前主席艾伦·格林斯潘和《经济学人》前编辑、现彭博专栏作家阿德里安·伍尔德里奇在合著的《繁荣与衰退》[1]一书中写道,"金融周期的下行区间总是比上行区间更为凸显,因为恐惧是一种比贪婪更有力量的情绪:当人们担心自己一生的努力将会化为泡影时,这种恐惧会促使他们用尽一切手段来保护自己不受这场传染的危害"。

换句话说,疤痕会渐渐变淡,但是很难完全消退。

2021年前两个月,武汉的社会消费品零售总额比2019年同期下降了3.6%,而全国的数据是6.4%。和武汉经济规模相差不大的其他几个城市,苏州是13.1%,成都是8.9%,南京是15.7%。[2]

中国社会科学院世界经济与政治研究所的张斌教授,联合其他学者,专门研究了武汉的疤痕效应。[3]

---

[1] 〔美〕艾伦·格林斯潘、〔美〕阿德里安·伍尔德里奇:《繁荣与衰退》,束宇译,中信出版集团2019年版。
[2] 数据来源:国家统计局官网。
[3] 张斌、朱鹤、孙子涵:《疫情冲击的中长期经济影响》,https://opinion.caixin.com/2022-09-28/101945873.html,2022年11月14日访问。

疫情前，成都与武汉的发展条件最为相似，且这两个城市的相对经济增速具有长期稳定性。学者们的研究方式是：首先，假设没有疫情冲击，武汉与成都继续保持这种稳定的关系，从经济增长、消费和投资等几个维度比较武汉与成都的差距；其次，根据疫情期间成都的实际情况，对武汉的相应经济指标进行反事实推断，进而衡量疫情对武汉各项经济指标的影响程度。

从消费看，进入常态化防控阶段的一年半以来，武汉社会消费品零售总额的恢复程度远远落后于成都，也落后于全国平均水平。截至2021年4月，武汉的社会消费品零售总额仍比趋势值低了25.3%，疫情暴发两年所引发的累计损失达21.5%。

从投资看，受近两年疫情的影响，武汉固定资产投资年均增长率下滑至–0.2%，降低了10.4%。

从经济增速看，受疫情影响而失去的消费、投资都随风而逝，再也没有回来。

武汉不是特例。全球多个国家都曾有过类似的疤痕：英国伦敦国王学院金融学教授大卫·艾克曼等人观测了巴西等5个新兴国家，以及美国等19个发达国家自1970年以来经历各种危机后的经济恢复情况，分析了50年（1970—2019年）的数据，发现从疤痕中恢复的速度比我们想象的要慢得多，一次重大冲击的拖累时间可能长达10年，而受影响的经济体在10年间的实际GDP增长率会下降4.25%。比如2008年金融危机之后，美国的储蓄率持续10余年一路上升,英国持续了6年,欧盟持续了4年。[1]

为什么在遭受巨大的创伤后,疤痕难以彻底愈合呢?大概有以下几方面原因。

第一,在经济严重衰退期间,社会整体利润率大幅下降,会给一部分刚进入市场但未来有更大潜力的新企业造成伤害,导致这部分企业被"错杀",进而阻碍新企业的进入和创新的速度。而且衰退时间越长,对企业的扼杀越彻底。其实,繁荣经常是和冗余相连的。

第二,长期的、大面积的失业问题会影响一个社会的人力资本积累。就像一个优秀的外科医生必须通过完成足够多的手术才能被培养出来一样,人力资本的积累也需要在干中学。没有干的机会,人力资本会迅速折旧。同时,高失业率还会导致人力资本的错配,导致"能干原子弹的去卖了茶叶蛋"。虽然从个人角度来说,职业无贵贱,但从社会角度来说,人力资本的错配会导致整个社会的生产效率下降。

第三,在充满不确定性的环境中,企业和居民都会丧失投资、消费的动力,更不要说增加创新上的投入。尤其像新冠肺炎疫情这样的重大冲击,改变的是人们长远的心理预期,这将造成长期总需求的重大缺口。如果没有强有力的政策支持,这

---

[1] Aikman, D., Drehmann, M., Juselius, M., & Xing, X. (2022). The Scarring Effects of Deep Contractions. *Bank of Finland Research Discussion Papers.*

个缺口很难自然愈合。

中国经济在2023—2024年可能会面临一个带疤的恢复期。和一般经济周期下行的负向冲击不同,疫情冲击对中低收入人群、小企业和新企业的影响更大,也可能会导致更扭曲的行为和更不合理的商品价格,造成更剧烈的市场失灵。如果政策面不能对疤痕有一个清晰的认识,并且对症下药的话,这个恢复期可能会更长。相应地,不管是企业、家庭还是个人,可能都需要对此有更清醒的预期。

第五章

你别无选择

夜已深，还有什么人，让你这样醒着数伤痕。为何临睡前会想要留一盏灯，你若不肯说，我就不问。

——林忆莲《伤痕》

丧失趋势的A股市场

2022年是一个需要不断在绝望中寻找希望的年份。

在资本市场上，宁德时代的股东们应该最能体会这种绝望和希望冷热交替的感觉。

全球最大的动力电池公司宁德时代，一度被网友称为"宁王"，上市4年，最高时股价涨了20倍，市值破万亿元，老板一度成为香港首富。2021年，宁德时代是A股市场最耀眼的星星，它的上下游企业被称为"宁资产"。2021年11月，宁德时代取代茅台成为基金第一重仓股，一时风头无两。2021年12月3日，宁德时代股价到达690.95元的高位，市值超过1.6万亿元，排名深市第一，A股第三，仅次于茅台与中国工商银行。

但也是从这天开始，宁德时代进入了一个"剧震时代"。截至2022年10月11日，其股票市值七起七落，形成了7个深V形反弹。即使是从不炒股的人，大概也能从图5-1中体会到那种"玩的就是心跳"的感觉。

2022年2月8日，宁德时代股价一日内大跌38.58元；3月16日，又大涨39.9元；8月初，连续10个交易日股价从503.22

元最高冲到574.13元；8月下旬，一个"八连阴"[1]，从574.13元跌回465.56元，回撤近20%。

这种剧烈震荡的行情，特别容易让人突然快乐得喘不过气，紧接着又被狠狠地踢倒在地。如果这7个深V全部踩中，买在低点，卖在高点，那么投资者2022年的收益率将高达124%。但如果不幸全部踩雷，买在高点，却因为恐慌而出逃，那么投资者2022年的收益率将会是-120%。当然，7次全部踩中或踩雷的概率可能都不高，但只要踩中或者踩雷两次，那么这一年的收益率就分别是68%和-59%。

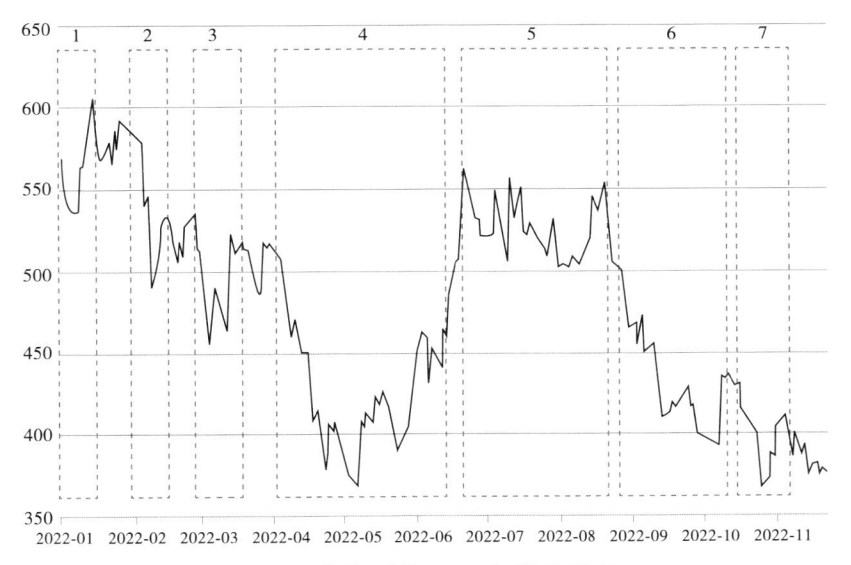

图5-1 宁德时代2022年股价趋势

---

[1] 指股价连续八天下跌。

不要以为这种"朝秦暮楚"的策略是散户们的特权。实际上，面对2022年这种毫无确定性的市场，基金经理们也会举棋不定，进进出出。

2022年一季度，一位明星基金经理发文表示，电动汽车产业链市场在快速增长中，且估值处于历史低位，决定大手笔抄底宁德时代。截至一季度末，宁德时代是他基金的第一大重仓股，占比高达8.95%，差不多9.4亿元。但经历了4月份高达30%的大跌后，二季度末，这位基金经理再次表示，对新能源电动汽车中游材料和光伏制造持谨慎态度，同时知行合一，清仓了宁德时代。

这绝不是特例。2022年一季度末，重仓宁德时代的基金数量大约为1900只。到二季度和三季度末时，这个数字变成了1803和1542，分别下降5%和18.8%。

系统接受过金融学教育的人，当然可以批评这种频繁换仓的策略。毕竟我们深知，投资最终投的是增长，要坚守价值理念和长期主义。但是，现实有时候真的比理想骨感。

投资中的长期主义，本质上是投一个相对长期的趋势性方向。比如2016年开始出现热度的白酒赛道，投资景气度一直持续到了2021年年初；2018年开始的电力设备和新能源行业，景气度持续到了2021年年底；2018年年底开始的医药赛道，景气度持续到了2020年年中。这些年涌现的十倍股、百倍股，如贵州茅台、宁德时代、比亚迪、亿纬锂能、片仔癀、立讯精密、爱尔眼科等，几乎都是这些趋势赛道上的佼佼者。

但是，2021年之后，这些确定性的趋势都遭遇了巨大波折。

比如，老龄化社会和更看重生命质量的社会发展方向是确定性的大趋势，医药行业，包括医美、护理行业，都跟这个赛道紧密相连。但是在新时期，社会也面临着新的目标和任务，例如需要更加照顾底层群众利益的社会保障制度、抑制社会产生巨大贫富分化的政策方向等。这就意味着，之前被市场追捧、被充分定价的确定性会面临一些变化。对白马股[1]的踩踏和杀估值，就是对这种变化的应激反应。

再如，消费升级、数字化都是确定性的大趋势。像茅台这样的处于消费金字塔塔尖的稀缺品，以及腾讯这样的数字社会基础设施，利润空间都没有完全释放，从理论上说，它们的股价都应该有光明的未来。但同样地，这些企业的利润空间在未来三五年甚至更长的时间内，会和反腐倡廉、社会治理、平台反垄断等大逻辑密切相连。在这些逻辑没有完全清晰之前，资本也会相对谨慎，不太可能大手笔地"拍案下注"。

这并不是说这些趋势消失了，而是说这些趋势需要在新的历史时期、新的环境和生态下重新定位。在当下，由于对政策的方向和力度都缺乏确定性预期，市场一直处于反复博弈的状态中。

1　长期绩优、回报率高，具有较高投资价值的股票。

这也是为什么在2021年之后，资本市场更偏爱行业轮动[1]。行业轮动策略[2]也算A股市场的另一种趋势性策略。

有人做过一个试验，以2020年之前成立的普通型股票基金为样本，每年实行两个策略——分别购买上一年的业绩冠军基金和业绩垫底基金。比如，你在2022年年初，买了2021年的冠军基金"前海开源公用事业"和2021年的垫底基金"鹏华全球中短债人民币C"，到了2022年11月10日，你会发现，前者的收益率是-24.74%，而后者的收益率是-11%，2021年的垫底基金反超冠军基金。这种现象并不是偶然的。假设从2011年开始坚持实行这两个策略，你猜猜哪个策略的收益率更高？答案是二者的收益率分别为7.23%和6.48%，几乎一样。

冠军基金和垫底基金的业绩没有持续性，这一现象的形成，既有基金业本身的原因，在很大程度上也跟A股市场行业轮动的特性有关。

过去20年，中国企业的经营状况、利润情况受宏观和行业政策的影响很大，近几年这种趋势更强。而政策是由上至下实行的，很容易层层加码。再加上股价天然有过度反应的倾向，股票市场很容易形成某个行业阶段性的风口，基金也更偏好下注某个行业。因为这样做，比找优质个股的稳定性要更高。那

---

[1] 指在某段时间内，某一行业或某几个行业内股票价格产生了共同的走势（共同上涨或下跌）。
[2] 资本市场可以根据行业轮动现象来设计策略，利用行业趋势进行获利。

些冠军基金和垫底基金,很可能只是在某个板块上押了重注,只不过冠军基金押中了"风口上的猪",垫底基金则恰好碰上了行业的"暴风雪"。

所以,不管是否被传统的价值投资者所认可,行业轮动都是A股市场上一股强大的趋势力量。但到了2022年,连行业轮动的趋势也消失了。

从"含煤量""白马消费"到"宁资产"

肖筱(化名)是一位做行业轮动策略的基金经理,和A股很多年轻基金经理的画像一致:"85后",顶尖名校学历,妥妥的青年才俊。2022年是他当基金经理的第五年。这一年,他手里管理着50亿元的资产。

尽管肖筱是计算机专业背景,但和前几年入行的基金经理一样,他正好赶上了茅台、五粮液的爆发期。消费行业基金如雨后春笋般涌现,肖筱也管理着一只10亿元规模的,属于主动型管理基金。主动型管理基金是和被动型指数基金相对的定义,被动型指数基金挂钩行业指数,复制行业指数的涨跌,而主动型管理基金就是由基金经理决定买什么、什么时候买,相当于你请了一个人帮你炒股,试图跑赢大盘。

监管层对行业主题的主动型管理基金有明确的投资比例要求,比如肖筱管理的这只基金的投资范围就约定"股票投资比例不低于基金资产的60%，其中，投资于本基金所界定的消费行业上市公司股票的比例，合计不低于非现金基金资产的80%"。这意味着，在10亿元资金中，最少要有6亿元投资在股票上，其中八成仓位，也就是4.8亿元资金，必须买大消费行业的股票。

问题是，经历了2022年的"外忧内患"后，除了食品饮料类必需品消费还能撑住，其他的居民需求大幅走弱。2022年1月到9月，社会消费品零售总额累计同比仅上涨了0.7%。[1] 从2022年年初至10月，Wind可选消费行业指数下跌了24%，日常消费指数下跌了29%。2022年10月31日，连茅台的股价都跌破了1350元，年内最大回撤约36%。

2022年年初，茅台"四连阴"，肖筱就有一种不祥的预感。在1月13日，茅台股价日内跌了百元之后，他发现自己经营的组合被拖累了，跌了近10%。

基金经理们并不是生活在真空里的。每个季度，他们都面临着横向业绩比较的压力，更面临着因业绩不佳而被基金持有人赎回的压力。除了极个别口碑极佳、规模极大、市场对其短期业绩已经反应不敏感的基金经理，很少有基金经理能在自己的重仓股票暴跌时，做到完全冷静、理性、置身事外。追回业绩是一个非常直接的诉求，也是人性的正常反应。

---

1 数据来源：国家发展和改革委员会官网。

更何况，肖筱当时的预判是，2022年的消费市场恢复道阻且长，整个消费行业基金都面临杀估值的风险。所以，必须赶快给自己经营的组合寻找对冲标的，也就是通过加仓其他上涨赛道，来冲抵消费赛道产生的亏损。

我问他："你是怎么找的？"

他笑着说："动态调整。"

具体怎么做呢？其实说复杂也复杂，说简单也简单，就是研判已经被追高的板块还有多少空间，没有被追高的板块还有没有机会。

"说得更具体一点，"他坦诚地说，"1月13日那天晚上，我给当天涨幅最高、超过3%的煤炭行业研究员打了电话，增加了自己组合的含煤量。"

"含煤量"是2022年1月到6月A股市场的关键词，指的是基金经理的投资组合中，重仓了多大比例的煤炭赛道股票。中国股票市场习惯以"含×量"来形容投资组合中热点行业的占比，比如"含酒量""含宁（宁德时代）量"等。一旦踩中热点行业，组合的业绩大概率会是比较亮眼的。比如2021年二季度，某基金重仓白酒赛道，曾在3个月内创造了57%的回报。

但"含煤量"的热度也没能保持多久。到2022年三季度的时候，从表面上看，肖筱的大部分持仓仍然保持在消费行业，符合监管要求；但实际上，他的持仓已经经历过沧海桑田，其间加过煤炭行业、电子行业、新能源行业，减过消费行业、房地产行业、医药行业。至于新能源行业，他已经减了三次仓位。

2022年4月，肖筱还在为自己不能坚定地持有核心资产、没有坚持长期主义而愧疚不已，但到了9月，一看自己的业绩排在市场绝对收益榜单的前20%，他一时间又觉得庆幸，毕竟市场还是得靠业绩说话。

及时出清、及时转向新热点的策略在2022年似乎是奏效的。2022年8月，一位知名基金经理的发言在业内流传："我现在没啥框架，就是一门心思地想把净值跑得更快一些""现在我们是三无主义，无框架、无理念、无风格。我不再想用任何框架和理念束缚自己，什么能涨就买什么，什么能涨得更快就买什么，我们所做的一切操作目的，都是为了给产品净值服务"。

这确实是2022年整个A股市场的状态，不停换仓、不停追逐热点，是最可能赚钱的策略。为什么需要不停换仓呢？因为2022年几乎没有长红的板块，所以压根儿谈不上行业轮动。

一个事实是，2022年市场热点频出：年初集体抛弃新能源、大消费、医药，切换到煤炭；年中因为市场集体看多消费复苏，市场热点重新切换回消费者服务、家电；7月切换到汽车、机械；10月再次切换回新能源。没有任何一个板块能够保持连续正向收益4个月以上，或者连续正向收益大于3%地保持3个月以上，基本上都是这个月涨，下个月跌，或者这个月跌完，下个月补涨一点。

从表5-1中我们也可以看到，每个月热门交易的前六大板块，基本上都不太一样：4月最频繁被市场交易的板块，在5月只有建筑板块还在榜单上；而6月最频繁被市场交易的板块，在7月只剩下了汽车和家电。

表5-1 A股2022年1—10月热门交易板块[1]
（日均换手率排名前六的板块）

时间 （2022年）	换手率排行					
	第一名	第二名	第三名	第四名	第五名	第六名
1月	计算机	消费者服务	综合金融	传媒	通信	建筑
2月	计算机	综合金融	建筑	有色金属	石油石化	医药
3月	房地产	医药	建筑	农林牧渔	建材	计算机
4月	建筑	纺织服装	房地产	医药	综合金融	建材
5月	农林牧渔	消费者服务	建筑	食品饮料	汽车	传媒
6月	消费者服务	食品饮料	汽车	家电	建筑	机械
7月	电力设备及新能源	汽车	机械	电子	家电	建材
8月	电力设备及新能源	食品饮料	传媒	电子	机械	轻工制造
9月	轻工制造	家电	石油石化	消费者服务	电子	机械
10月	电子	家电	机械	计算机	石油石化	电力设备及新能源

---

[1] 数据来源：Wind，香帅团队测算。

看起来，似乎热点板块靠不住，那么，一心一意死守是否能得到回报呢？不好意思，在前20大主动型基金中，前10大重仓股没怎么变化的基金（有一半以上未调整）平均亏损率高达29.6%。

尽管中国股市一直被诟病，但这么"碎"的热点，这么频繁的转换，也实属罕见。在这样的外部环境下，基金经理们只能"适者生存"，连一位行业老大哥都开始讨论短期追热点的正义性："以前重仓一个股票，要等投研团队买方研究员的深度报告，要聊十几个专家，要飞好几次，下场到公司去看，要和好几家卖方研究团队验证逻辑。今年出不了差，也没有这样的时间给我们去聊了。"

基金经理们的行为助推了热点板块的切换速度，这种切换甚至会缩短到周度。2022年8月16日，受到国家能源局"千乡万村驭风行动"推进乡村风电开发政策的刺激，风电行业股价大涨。结果一周时间不到，因为风电装机业绩不及预期，包括风电在内的清洁能源赛道股价就全线回调，热点板块又切换回煤电等基础能源行业。

频繁切换的大小盘风格

除了"行业轮动"变成了"行业频动"，2022年的A股市场，连大小盘风格的切换规律也变得无法捉摸。

从历史经验来看，一个非专业的普通投资者，学会选股真的很难，即使是宁德时代、贵州茅台这样的超级明星股票，你也不一定能用合适的价位在合适的时候买入。更不要说中国的市场善于炒作概念，公司治理也略显薄弱，对中小投资者的保护程度较低。所以，想要在几千只股票中买中黑马，难度确实很大。金融学将这种通过选股带来的收益称为"阿尔法收益"。创造阿尔法收益，是很多专业基金经理梦寐以求的能力。非专业的投资者会面临更多的时间、专业、机构支持上的约束，踩雷的概率往往比中奖的概率大。

但历史经验也告诉我们，普通投资者其实是可以进行一定的资产配置的，也就是在合适的时间去配置适宜市场投资环境的指数型基金产品，或者指数增强型基金产品[1]。比如过去A股市场大小盘切换的逻辑非常强，如果在大盘表现好的时候，你能够上车上证50、沪深300这样的大盘ETF基金（交易型开放式指数基金），在小盘好的时候，你能够上车中证800、中证1000这样的小盘ETF基金，将会比赌个股、赌个别基金经理要靠谱和容易得多，收益也会丰厚得多。

通过把握市场风格来进行个人投资，收益到底怎么样呢？

2021年年初，微信公众号"招商策略研究"发布了一个很

---

1 指数增强型基金产品要求策略组合与标的指数不偏离太多，在保证一定偏离度之内的前提下，跑赢标的指数并追求超额收益最大化。指数增强型基金产品兼具指数化和主动化两个特点。

有意思的研究报告《风格轮动启示录：不可不察的风格切换》。报告显示，2009—2020年这12年间，A股经历了5轮风格变换，每次持续的时间从23个月到28个月不等，都在两年左右。如果能够把握住，比如在2008年年底投资小盘风格指数，两年后就能获得累计200%的回报率，远高于选择相反风格的大盘指数（累计回报率只有70%）。5轮下来，如果每次都选对了，年化回报率最低16%，最高59%。

用2020—2022年的数据做一个简单验算，也能证明上述"大小盘风格切换策略"不是空穴来风。2020年8月开始出现明显的大盘股行情，这个时候直接买入沪深300大盘指数（如华泰柏瑞沪深300ETF、嘉实沪深300ETF），4个月的绝对回报率是10.7%。而到了2021年春节后，市场的小盘风格启动，如果当时买入中证小盘指数（如易方达中证800ETF、天弘中证800指数），10个月后的绝对回报率是26.4%。

对普通投资者来说，和大盘相关的指数是上证50和沪深300等，和小盘相关的指数则是中证500、中证800、创业板、科创板指数等，它们相对来说学习成本较低，而且判断大小盘的技术含量也不高。一方面，你可以留心大券商的研究报告，里面基本都会有相关分析；另一方面，通过分析历史数据，你就会知道，经济基本面的情况和大小盘风格切换有比较强的相关性。

一般来说，在经济承压的时候，小盘股行情是比较容易占优的。比如2021年，在中美贸易摩擦、中国经济转型的大背景下，小盘股所在的行业（如新兴制造、科技创新等）的成长属性更强，更容易获得资金青睐；而宏观不振，会拖累与经济基本面相关性较高的支柱性产业（如银行业、房地产业等）。在传统大盘行业不乐观的情况下，新兴小盘行业的弹性会更强一些。

不过，很遗憾，在2022年，规律都是用来打破的。

通过分析相关数据，我们会发现，在2022年10个月的时间里，A股市场已经进行了6次明显的大小盘风格切换，从历史上的20多个月切换一次变为2个月切换一次：2月小盘股领跌；3月小盘股领涨；4月小盘股再次领跌，新能源、军工、计算机、电子等小盘股占主导的板块大幅杀跌；5月至7月，随着上海疫情的缓解，小盘股受到资本的追捧，以中证1000为代表的中小盘指数走势强劲；8月，市场风格重新偏向大盘股，8月中下旬以来，热点题材、热门赛道的小盘股杀跌。

频繁切换，让原来最具共识性的大小盘风格也变得不再有共识：开源、中信建投、天风、国金、安信、方正等券商认为现在是小盘成长的市场风格偏好，小盘股占优仍将持续；而广发、国盛、西部、民生等券商则认为市场风格正在向大盘价值进行风格切换。

换句话说，截至2022年10月，大小盘的涨跌幅差异不大，市场并没有出现统一的风格。如果2022年年初投资大盘，截至2022年10月，你将损失21.94%；投资小盘，你将损失24.0%——横竖都是亏。这意味着，在2022年，大小盘风格切换已经不再是一个具有较高确定性的策略。

热点板块从"轮动"到"频动",大小盘从年度切换到月度切换,A股市场不但丧失了基本面上的确定性,也丧失了市场大小盘风格上的确定性。一个丧失趋势的市场,很难找到持续性的主线,所以,机构投资者们也改变了投资策略。

短平快：短期次优选择

2021年8月，市场热捧"宁王"（宁德时代）的时候，曾经有券商分析师根据宁德时代2060年的业务情况预测，对其储能业务给出了高达4285万亿元的估值。[1]尽管根据40年后的预测现金流进行企业估值有点儿不靠谱，但这并不是券商分析师随便拍脑袋得出的结论，他们使用的是现金流折现法（DCF）的估值模型。

现金流折现法也叫直接估值法，就是预测企业未来的现金流和可能存在的风险，然后把未来的现金流折现到今天，看企业今天值多少钱。一般情况下，投资者用这种方法进行估值时，关注的是企业的长期投资价值。因为投资者是在给未来的企业现金流做预测，推算在一个模糊的、正确的方向上，企业在若干年后大概能赚多少钱。

但在2022年的A股市场，几乎不会有人使用这种长期估值模型。大家只会根据这个季度的情况，线性外推下个季度的业绩，甚至猜测下一周、下个月会出现什么变化。只要披露出来

---

[1] 国信证券：《宁德时代系列之二——储能篇：第二"增长曲线"的终局探讨》，https://pdf.dfcfw.com/pdf/H3_AP202108051508210285_1.pdf?1628175225000.pdf，2022年11月14日访问。

的业绩是下降的，或者不及预期，市场就会一窝蜂地踩踏。

比如角膜塑形镜龙头企业欧普康视，2022年二季度净利润下降，中报出来后，股价盘中逼近跌停；做激光加工设备的大族激光，2022年二季报归母净利润下降24.8%，当天股价暴跌9%；宁德时代更惨，2022年6月中报利润激增82.17%，但不及市场预期，第二天开盘后股价一路走低，收跌5.91%。

如果市场投资者大多使用DCF估值法，一个季度的净利润下跌，是不会有这么大杀伤力的。因为从长期投资的角度来看，疫情终会过去，一个季度的利润状况，和未来几十年企业能赚取的现金流相比，压根儿无足轻重。那么，市场怎么看待这个问题呢？

2022年，市场都改用市盈率（PE）来预测企业价值。

用市盈率估算一个企业的股价时，股价等于企业未来预期利润乘以估值倍数（也就是市盈率）。所谓市盈率，就是一个金融资产的市场价格除以其利润。比如，2017年，你花78元买了一股五粮液的股票，成为其股东。当时五粮液的股票每股盈利2.85元，按照这个利润水平，你的回本时间就是27.4年——27.4就是市盈率。

但是，市盈率的分母，也就是预期的利润率，是可以"选择"和"计算"的。还是以五粮液为例，如果我们"选择"五粮液未来3~5年的预期平均盈利是3元，那么五粮液的市盈率就变成了26，五粮液变得便宜了。

换句话说，对预期利润的选择，其实会决定市盈率的高低。以前，在一般情况下，很多分析师会用3~5年后盈利的预测值来估算。但是现在的方式简单粗暴，直接用这个季度的盈利来估算——这个季度利润好，棒棒的，看好你；这个季度利润不好，对不起，我也没法看好你的下个季度。等下个季度你的盈利转好之后，我们再谈。

所谓价值投资，其中包含了"长期"的概念，也就是说，资金要具备看见企业"诗和远方"的能力与耐心，这样才能孵育出真正有价值的伟大企业。如果按照本季度的盈利进行估值，亚马逊、谷歌、腾讯、阿里巴巴这些企业估计早就灰飞烟灭了，哪里能活成森林。但是，现在的A股市场已经没有这种耐心了，短期业绩才是王道，越短期越有安全感。在一个存在巨大不确定性的市场环境下，没有投资者愿意"静待花开"，因为不知道什么时候，哪个地区就会霜降雪飘，花木等不到春来就直接冻死了。

在这样的短期博弈心态下，很多机构投资者干脆顺势而为，跟着市场板块和市场风格频繁调仓。短、平、快，成了2022年**A股交易的关键词**。

表5-2是2022年前三季度业绩最好的20只主动管理型基金。仔细分析一下这些基金的特性，我们会发现两个很有意思的异象。

表5-2　2022年前三季度排名前20基金的换手率与业绩[1]

证券代码	证券简称	基金份额（亿份）	基金报告期持仓换手率（%）	区间回报率（%）
519212.OF	万家宏观择时多策略	0.6	320.7	68.5
519191.OF	万家新利	1.6	240.3	61.9
519185.OF	万家精选A	6.1	221.3	53.8
001678.OF	英大国企改革主题	0.6	246.9	26
519198.OF	万家颐和A	0.6	227	25
004685.OF	金元顺安元启	1.9	167.1	23.9
013851.OF	中信建投低碳成长A	4.8	182.9	17.3
013852.OF	中信建投低碳成长C	2.1	182.9	17
002910.OF	易方达供给改革	15.5	147	16.9
002601.OF	中银证券价值精选	2.6	226.6	15.7
519183.OF	万家双引擎	1	469.5	11.8
001832.OF	易方达瑞恒	10.7	84	10.6
008422.OF	中融研发创新A	1.8	247.4	10
011269.OF	中银证券优势制造A	1.4	257.2	9.9
008423.OF	中融研发创新C	0.8	247.4	9.6
010761.OF	华商甄选回报A	16.6	64.9	9.4
001437.OF	易方达瑞享I	0.9	203.4	8.6
004475.OF	华泰柏瑞富利A	2.4	229.7	8.4
014185.OF	招商专精特新A	5.4	176.6	6.3
162717.OF	广发再融资主题A	0.6	556	5.8

注：持仓换手率使用的是2022年上半年的数据，并假设基金高换手风格持续。

[1] 数据来源：Wind。

高换手率基金的春天

第一个异象是，2022年是高换手率基金的春天。

换手率是衡量资产交易活跃程度的指标。换手率越高，意味着基金经理调仓越频繁。高换手率并非贬义词，一个金融资产交投活跃，才会有较高的换手率。但在讲究长期主义、价值投资的市场，过高的换手率意味着投资者对这个资产没有耐心，更多的是短期炒作或者跟风。所以，资产如果有过高的换手率，往往会在未来遭遇反转。

中国基金业的历史数据也显示，换手率越高的基金业绩越不好。[1]所以，2022年5月初，中国证券监督管理委员会下发了题为《优化公募基金注册机制，促进行业高质量发展》的情况通报，专门指出"劣质基金存在的长期投资理念弱，投资换手率高，风格漂移问题突出"等问题。

但是，高换手率是2022年市场的普遍现象。2022年上半年，3459只规模在1亿元以上的主动型管理基金的平均换手率是185%；2177只的换手率超过100%，平均持仓时间3个月；1037只的换手率超过200%，平均持仓时间只有1.8个月。作为

---

[1] 苏辛、周勇：《流动性、流动性风险与基金业绩——基于我国开放式基金的实证研究》，中国管理科学，23(7), 1-9。
汪敏、魏哲海：《基于隐性交易的证券投资基金锦标赛研究》，广东财经大学学报，32(1), 74-86。

对比，2021年同期主动型管理基金的平均换手率是167%。[1]

高换手率似乎确实带来了回报。2022年业绩排名靠前的20只基金中，有18只的换手率超过了100%，有13只超过了200%，3只超过了300%，平均换手率高达235%，远超历史水平。

2022年8月，我跟一位业绩靠前的基金经理聊天，他很直白地说，"我今年没有什么方向，什么热，追什么"，"还好年初暴跌的时候换得快，把医药基本全部清掉了，换成了煤炭"。11月，我看了一眼2022年三季度的基金持仓报告，在3200多个基金经理中，他排在前50名，但第一重仓股已经从煤炭换成了航运。他在二季度持有的五大重仓股，在三季度已经换了四个。

除了头部基金多采取高换手率策略外，在2022年的主动型基金中，高换手率的确实比低换手率的表现稍好。换句话说，在2022年，换手率是选基金的一个正向指标。但是，如果想通过这个指标来选择基金，需要注意两点：

第一，换手率和业绩之间不是简单的线性关系。"业绩好的基金换手率高"不等于"换手率高的基金业绩好"。实际上，那些换手率超过200%的主动型基金，70%以上亏损率都超过了10%，更不要说那些换手率甚至超过1000%的基金，很多都是业绩垫底，亏损率在30%，甚至40%以上。

第二，2022年的高换手率和市场环境相关。这意味着，在

---

[1] 数据来源：Wind。

高度震荡的市场中，当增长前景和预期都缺乏确定性时，基金经理一味地维持低换手率，不一定是中短期的最优策略。美国在1975—1985年的石油危机期间也出现过类似现象，高换手率能够增强基金业绩，高换手率基金的净收益率表现甚至远超标普500指数。[1]

实际上，从2021年下半年开始，随着很多行业确定性的消失，基金业已经逐渐出现了换手率升高的现象。2022年，由于全球环境和国内宏观层面不确定性的增强，这个现象被演绎到了极致。如果2023年国内宏观政策上出现一个相对稳定的时期，那么"高换手率能够增强基金业绩"的规律可能会逐渐失灵；但是，如果宏观层面的不确定性持续，那么市场还会继续进行这种短期的博弈。

新生基金经理突围中

第二个异象则是"初生牛犊"基金经理的表现相对亮眼。

一般来说，基金经理的从业年限和业绩成正比，经过牛熊转换、市场毒打的资深基金经理表现会更稳、更好。比如13年

---

[1] Grinblatt, M., & Titman, S. (1989). Mutual Fund Performance: An Analysis of Quarterly Portfolio Holdings. *Journal of business*, 393-416.
Wermers, R. (2000). Mutual Fund Performance: An Empirical Decomposition into Stock-Picking Talent, Style, Transactions Costs, and Expenses. *The Journal of Finance*, 1655-1695.

前的明星基金经理王亚伟，2009年拿到"股基王"称呼时，入行已经15年，管理基金已经11年。在2021年前后走上神坛、频上热搜的张坤，也已经是管理基金10年的老兵。

近几年，中国基金业迅速扩张。2015年至今，基金规模从8.35万亿元扩张到26.56万亿元，基金数量从2687只扩张到了10295只，规模翻了3倍多，数量翻了近4倍。这导致中国基金经理逐渐趋向年轻化，平均年龄只有44.9岁，平均从业年限更短，只有5.9年。而美国基金经理平均年龄为54.9岁，从业年限8.5年。

这一现象在2022年尤为凸显。2022年三季度，业绩前20名的基金经理，平均从业年限只有3.77年，比整个行业的这一数据低了36%。其中大约一半的人从业年限超过5年，剩下的不少人甚至是刚从业半年或者1年的"萌新"基金经理。

2022年三季度，业绩排在前3名的都是万家旗下的基金——万家宏观择时、万家新利和万家精选A，回报率确实惊人，分别达到68.5%、61.9%和54.1%。这3只基金全部归属于同一个基金经理——黄海。而他接手这3只基金的时间，都是2020年9月，到2022年才刚满两年。这3只基金持股都相对集中，且持仓方向一致，主要投向煤炭等行业板块。抓住了2022年的煤炭周期，让他获得了超额收益。

如果把市场上的主动型基金分成三组，第一组是从业超过8年的"老兵"，第二组是从业5~8年的"中生代"，第三组是从业不足5年的"初生牛犊",对比一下他们的业绩,我们就能够更明显地看出区别。

截至2022年三季度末,第一组表现最差。从业超过8年的基金经理,其收益不论是平均水平,还是中位数水平,都比后面两组年轻的基金经理要差,几乎都处于亏损状态。表现最好的是第三组,5年以下从业经验的年轻基金经理频频有业绩出圈的现象。这个现象是从2021年开始的。在此之前,从业年限对基金业绩有显著的正向影响。比如2019年,从业8年以上的基金经理的平均收益率,比从业5年以下的基金经理要高3.29%。(参见图5-2)

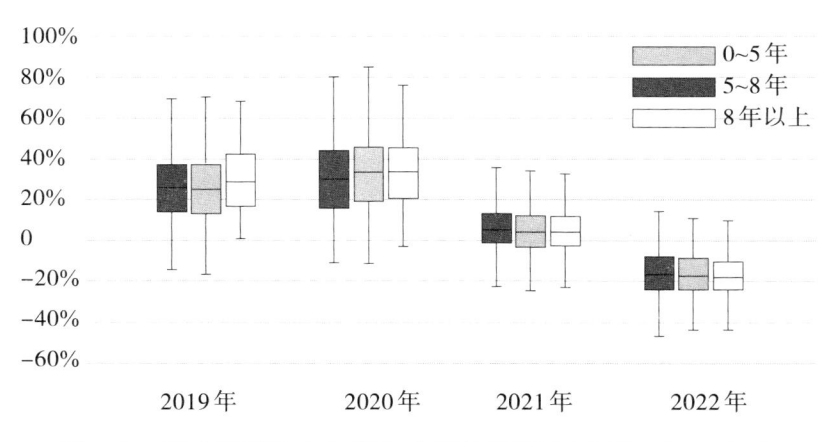

图5-2 基金经理从业年限与业绩的关系(2019—2022年)

这个异象的产生有两个原因。

第一,规模诅咒。基金规模越大,业绩越难保持优秀。

2022年，10亿元以下规模的主动型股票基金平均亏损率为17%~18%，100亿元以上规模的平均亏损率则为22%，呈现出强烈的"规模诅咒"现象。而大规模基金往往由从业年限较长的资深明星基金经理所管理。

第二，和高换手率一样，这也是市场环境的产物。在熊市和市场震荡时期，投资年限和基金业绩之间没有显著关系。资深的基金经理倾向于采取保守型投资策略，比如重仓价值股、白马股，但2022年这种白马团灭、热点频换、风格频切的市场风格，严重冲击了他们之前的投资框架。比如前两年被网友封为"坤神"的张坤，2022年前9个月亏损率为33.9%；明星基金经理葛兰、谢治宇的亏损率分别是27.4%和28.02%，远超市场的平均亏损水平。而年轻的基金经理因为没有历史经验的束缚，会更激进、更敢赌，一旦赌中，就有可能取得更高的收益。

回头想想中国的老话"非我之能也，此乃时也、运也、命也"[1]，真的是很精辟。尤其是在基金业，"敬畏市场"这个词，真的不是鸡汤。

1　吕蒙正《寒窑赋》。

自我实现的泡沫

自从"黑天鹅事件"这个词出现,中文世界就开始流行一句话:"关于未来,你唯一能确定的就是不确定。"平时说这句话的时候,多少都有点儿心灵鸡汤的味道,但在2022年的资本市场上,却真的是一语成谶。

市场的不确定性

智能制造业在中国算得上既有基本面支持,又有未来前景,还有政治正确性的大行业。但2022年2月初,我在从上海飞北京的航班上看到一则新闻,美国商务部工业与安全局宣布将33家中国实体列入"未经核实名单"[1](UVL,Unverified List),导致竞争性行业的出海遇阻。当天,多个之前被热捧的医药外包上市公司龙头当即跌停。2022年4月初,上海因为疫情封城后,由于劳动力短缺和供应链问题,包括"果链"[2]在内的多个高端制

---

1 美国政府列举的中资企业技术产品供应领域不可信机构名单。一旦被列入,将直接影响企业的产品进出口贸易。
2 指苹果产业链。

造产业链受到牵连，相关A股上市公司，如长盈精密、欧菲光、博众精工等，股价都暴跌不止。

从国际上看，受战争对立、气候变化、汇率波动、能源危机、粮食危机、通货膨胀等的影响，在进行资产的全球配置和多元化配置的过程中，充满了不确定性；从国内看，一方面疫情反复，政策摇摆，另一方面需求疲软，信心不足，不管是从上到下的宏观策略，还是从下到上的价值投资策略，都充满了不确定性。

这种不确定性，很容易从企业的利润里看出来。

我们团队在整理了相关数据后发现，2022年，在100多个二级行业中，只有17个能实现两位数的业绩增长，其中9个（稀有金属、贵金属、煤炭开采洗选、通信设备制造、农用化工、石油开采、其他电子零组件、电源设备、兵器兵装）的净利润实现了50%以上的高增长。

不管形势有多黯淡，A股市场上数十万亿元的资金总是需要找到地方"栖息"，所以，对于这些短期内业绩增长确定性稍微强一点的赛道，资金一定会蜂拥而至。

比如煤炭行业，这算是2022年基本面最具确定性的行业。2022年上半年，煤价一涨再涨，比2021年同期上涨了50%以上，这给煤炭企业的盈利带来了非常强的确定性。再加上之后愈演愈烈的欧洲天然气危机、气候问题（比如夏季高温、拉尼娜现象可能会导致寒冬），各种因素都加强了煤炭企业利润向好的确定性。很自然地,"含煤量"成了基金业绩的重要指标。

A股市场一共有38只煤炭股,2022年一季度有5只被公募基金大幅加仓,二季度有33只被继续加仓。在神火股份、晋控煤业、中煤能源(A股)的前10大流通股股东名单中,出现了许多明星基金的名字,包括易方达供给改革、睿远成长价值A、景顺长城景颐双利A等公募基金产品。重要的是,这些基金之前以重仓消费行业股票、医药股票而著称,和黑色系的煤炭股完全没有关系。

行业利润原本就好,资金涌入更是助推了股价上涨,"含煤量"高的基金业绩突出,刺激了更多基金跟风。尤其是在好行业极度稀缺的时候,任何一点利润或者业绩的确定性,都足够让人疯狂拥抱。这时候,买卖双方交易形成的市场均衡价格可能会被推到一个虚高的位置。

这种均衡价格是非常脆弱的,任何一点儿风吹草动都足以导致其崩塌。比如,有一部分基金经理想要获利了结[1],下几笔大卖单,就有可能让市场转向。又如,任何一点坏消息都可能被市场过度解读,导致大家作鸟兽散。

在这种脆弱的、动态的均衡下,择时变得特别重要。比如煤炭是2022年最亮眼的行业,行业平均利润增长率在三季度累计达到194%,行业指数从年初至11月实现了25.97%的涨

---

[1] 通常情况下,当资金的持仓盈利达到期望的幅度时,为保住利润而选择卖出,见好就收。

幅。但是，如果一个投资者在6月中旬买入，在8月大跌时卖出，亏损率将达到11.09%；如果6月22日卖出，亏损率将达到13.58%。

这种脆弱的均衡不断被打破、导致投资者们在"确定性"上被一茬一茬割韭菜的故事，在2022年的市场上不断上演。

2022年A股最亮眼的赛道是光伏行业，不管是国内新增装机容量，还是产品出口，都是高景气、超预期的。所以，从4月到8月，光伏指数上涨了104%。个股更是一骑绝尘：爱旭股份、意华股份的区间涨幅接近300%；在79只行业相关的成分股中，有9只涨幅在200%以上，33只涨幅在100%以上，65只涨幅在50%以上；涨得最少的银星能源、福莱特，也有近20%的涨幅。[1]

市场的白热化刺激了资金"下注"的热情，不管之前重仓的是消费还是医药，几乎所有明星基金经理都会选择大手笔加仓光伏。之前，即使是好赛道，机构投资者甄选个股也需要一个漫长的过程——要看创始人团队是否优秀，公司治理是否良好，产品是否有竞争力，反复斟酌后才能确定下来。但2022年，由于受到各种现实情况的约束，比如无法见面深入了解，市场热点、风格转换太快，或者实在缺乏好的投资标的等，在与光伏相关的投资决策上，投资者们显得急切而激进。

---

[1] 数据来源：Wind。

自我实现的泡沫

2022年7月，我问一个做高端制造产业的基金经理："你不觉得现在（光伏）这个价位太高了点吗？"他回答："这个价位肯定是有泡沫的，资金堆得太厉害，预期打太满。"

果然，之后不到两个月，市场就开始挤泡沫。2022年9月底，欧盟发布了一项立法提案，规定被发现强迫劳动生产的产品，既不能在欧盟销售，也不能从欧盟出口。[1] 提案中并没有具体指出针对的地区或者原产国，也没具体指出针对的产品，但是A股市场的光伏板块当日就自危，暴跌6.5%，多个成分股跌停，之后整个板块持续震荡下行。

没多久，这则消息被证实是一个"鬼故事"，对基本面伤害不大。一方面，这个提案要通过并且实施，是2024年之后的事情。在此之前，企业并不会受到太大影响。另一方面，这个提案对强迫劳动生产的认定，需要企业自己举证确实存在强迫用工的情况——光这一条，就使这个提案的象征意义远大于实际意义。

所以，光伏指数的调整，与其说是欧盟立法提案的冲击，不如说是市场自己刺破了泡沫。大家都知道，光伏板块涨得太猛了，点位确实过高，所以都在等待一个刺破泡沫的坏消

---

[1] 欧盟委员会：《欧盟禁止销售强迫劳动产品条例》，https://single-market-economy.ec.europa.eu/system/files/2022-09/COM-2022-453_en.pdf，2022年11月15日访问。

息,哪怕这个坏消息被后续事实证明无关紧要,只是一句"狼来了"。

用金融学术语来说,这叫"自我实现的泡沫"。在一个失去确定性趋势的市场上,资金会拥挤在有任何一点短期确定性的赛道上,导致估值泡沫化。而泡沫化的估值会让资金对任何可能的负面消息杯弓蛇影,一旦有风吹草动,就会立马撤退,导致股价剧烈向下震荡。

煤炭也好,光伏也好,新能源汽车也好,2022年A股市场上频繁发生着"自我实现的泡沫"的故事。原因无他,就是确定的增长机会太少了。如果要追求稍微确定一点的高增长,就必须"挤",忍受高估值,放弃安全边际。

一个成长性、确定性和安全边际的"不可能"三角,大概是2022年投资者面临的最大难题,也会是2022年之后相当长一段时间里所有投资者都需要面对的难题。

但是,你别无选择。

2022年"十一"假期的一个大风天,我跟前面说到的做高端制造产业的基金经理一起喝咖啡。他也重仓了光伏赛道。截至"十一"假期前,光伏赛道还没有止跌。

我问他:"照这么个跌法一直跌下去,你准备怎么办?"

他回答:"先拿着吧,不出来了。出来了,我又能买什么呢?这个赛道泡沫挤差不多了,其他赛道的泡沫还没有挤呢。"

"也是,不能从一个坑里出来,再跳进另一个坑里。"

一个容易泡沫化的确定性赛道要不要参与？

答案似乎是要。即使是普通家庭，可能也需要用一定比例的资产，去参与未来最重要的确定性领域，不管是以哪种方式，比如人力、股权、债权，等等。但在实际的操作中，以什么价位参与、怎么参与，比"抓紧参与"这句呐喊重要得多。

可是，未来价值的锚在哪里呢？高通胀、利率波动、汇率波动、政策波动、世代转换、思潮迭代……所有的疤痕没有一道可以被轻易熨平。在约束条件下做次优选择，也许是未来资本市场更重要的命题。

大卫·艾因霍恩是华尔街一位以价值投资风格闻名的对冲基金经理，也是绿光资本创始人。他曾经在1996—2018年实现了平均年化收益率15%的惊人业绩。[1] 2022年10月，在接受彭博新闻社采访时，他有点儿怅然若失地感叹道："市场结构已经发生了剧烈的改变，价值投资的时代可能已经成为过去式了。"

1　数据来源：福布斯官网。

附录：2022年基金投资回报调研情况

2022年10月，我们团队在得到App和微信公众号"香帅的金融江湖"发起了2022年"香帅财富报告·财富能力测试"调研。这是我们每年都要进行的一个调研，它完整、准确地记录了受调研用户每年面对的一些新变化。截至10月7日，共有20611名用户参与了2022年的调研。关于基金投资回报的部分，在分析了用户们的反馈后，我们发现主要有两个结果。

第一，亏损显著。

在参与2022年"香帅财富报告·财富能力测试"调研的2万多名用户中，大多数人在基金投资上处于严重亏损的状态。该问卷的回收截止于2022年10月7日，还没有到基金市场最惨的时候，但很多人的亏损情况已经相当惨烈。

13044名购买了基金的用户平均亏损率高达9.77%，其中还包含大量货币基金持有者。一半以上的用户基金投资亏损率超过10%；超过30%的用户亏损幅度在10%~20%；超过20%的用户亏损幅度大于20%；仅有1.19%的用户在基金上盈利超过10%。

而2021年，绝大多数用户的基金投资不亏或者小赚。超过30%的用户基金收益率在5%以内；超过20%的用户能够在基金上小赚5%~10%；能在基金上盈利超过10%的用户占比高达14.65%，大约是2022年的12倍。（参见图5-3）

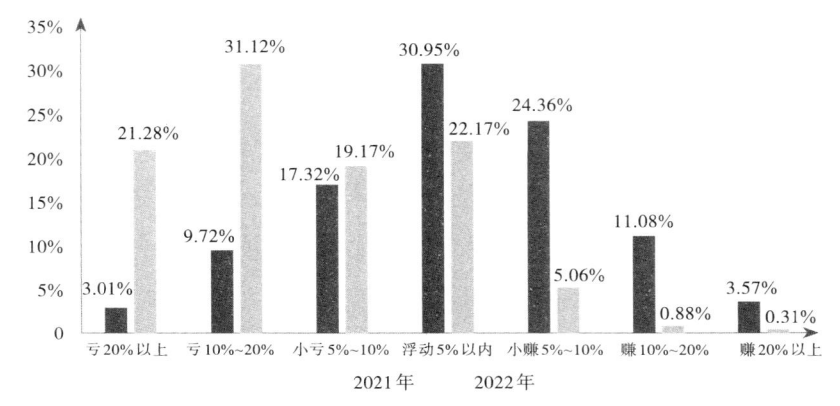

图5-3 受调研用户的基金投资盈亏分布情况（2021—2022年）

虽然数据很扎心，但和市场的整体情况相比，我们又感到一丝安慰——受调研用户的亏损状态其实相对比较温和。从整个市场来看，截至2022年9月，股票型基金平均亏损率为21.18%，混合型基金平均亏损率为15.42%，QDII（合格境内机构投资者）基金平均亏损率为15.2%。在近6000只非货币、非债基金里，能够在2022年实现正收益的，只有229只，占比低至3.97%。也就是说，2022年，要想在权益基金里挑中不亏的基金，概率不到4%。这比猜中双色球彩票中奖号码的概率还要低。

第二，亏损具有普遍性，专业差距并不明显。

数据显示，2022年，这些受调研用户的基金平均亏损率为9.77%，其中有金融从业背景的用户平均亏损率为10.29%，有金融从业背景，并拥有博士学历的用户平均亏损率为8.82%——

三者之间的差异相当微小。（参见表5-3）可见，2022年，即使是金融行业人员，或者具备金融学专业知识的人，都不能改变亏损的命运。

表5-3 不同背景用户的基金投资盈亏分布情况

盈亏状态	全样本	金融从业背景样本	金融从业背景，博士样本
亏20%还多，心碎了	21.28%	21.87%	8.33%
亏10%~20%	31.12%	34.23%	33.33%
小亏5%~10%	19.17%	18.1%	25%
浮动5%以内，不赔不赚	22.17%	19.19%	29.17%
小赚5%~10%	5.06%	4.87%	0
赚10%~20%	0.88%	1.42%	0
赚20%以上，选基神手	0.31%	0.33%	4.17%

第六章

平台非流量时代

成长是价值的安全边际。

——〔美〕沃伦·巴菲特

生存还是毁灭

困境

2022年9月16日，腾讯股价再度跌破300港元，市值从7.17万亿港元滑落至2.82万亿港元，我身边无数腾讯的小股东们欲哭无泪。同一天，改名Meta（元宇宙）的Facebook股价也从曾经384.33美元的巅峰跌至146.29美元，市值下跌70%，蒸发了6000亿美元。

我在当时产生了一个奇怪的念头：此刻的马化腾和扎克伯格，谁更难受一点？

截至2022年，腾讯上市18年，拥有用户18.68亿；Facebook上市10年，拥有用户29.52亿。[1] 一个是中国社交媒体王者加游戏巨头，一个是全球社交媒体巨无霸加元宇宙"拓荒者"，它们都站在全球数字平台的群峰之巅，也都凝视着深渊。它们同病相怜，却也各有各的烦恼。

同病相怜的是，由于全球经济前景的不明朗，金主爸爸们

---

[1] 数据来源：腾讯2022年中期报告，Meta2022年三季度报告。

都变得小心谨慎，平台业绩大受影响。腾讯的网络广告业务2022年二季度收入比2021年同期下降18%，净利润暴跌56%；Meta10年来首次连续四个季度利润下滑，2022年三季度净利润同比暴降52%。[1]

扎克伯格为美联储的加息政策烦恼。从2022年3月开始，美联储已经加息3.75%，美国的政策利率达到3.83%。面对这么高的无风险利率，高估值的成长型股票资产吸引力大幅下降。"通胀不灭，何以家为"，所有科技股公司都面临同样的困境。

马化腾则从2020年年底开始，被中国的平台监管政策和中美地缘政治风险双重夹击。从国内的政策环境来说，平台治理和社会治理之间的摩擦是深层次的问题。平台经济领域反垄断、个人隐私保护、数据安全等，都是这种摩擦的表现。巨大的政策不确定性，让市场对中概股的投资逻辑产生了严重质疑。

与此同时，美国也收紧了中资企业在美融资发展的口子。2020年年底，美国通过了《外国公司问责法案》，要求"在美国上市的外国公司的审计机构，必须接受监管机构对其审计工作底稿的检查。如果某家上市公司连续三年不提供审计底稿，将会被从美国退市"。这个规定明显触及了中国国家数据安全的敏感点。根据中国法规，中国公司在境外发行证券与上市过程中，其在境内形成的底稿等档案应当存放在境内。2022年3月，中

---

1 数据来源：腾讯2022年中期报告，Meta2022年三季度报告。

概股暴跌，就是由于当时美国证券交易委员会（SEC）公布了一批不符合审计监管要求的在美上市公司（其中绝大部分是中概股）名单引起的。这个清单直接导致中概股指数在之后的一周内下跌20%。

不过，仔细想想，对于互联网行业来说，"人生大起大落得太快，实在太刺激了"[1]这种情形也算是常态。

20世纪90年代，网景（Netscape）曾经是硅谷"最靓的仔"，1995年8月上市首日市值就达到了21亿美元。但仅仅3年后，网景就在"浏览器大战"中落败于微软，被美国在线（AOL）收购，从此退出历史舞台。事实上，在美国互联网泡沫中（1999—2001年）上市的899家科技公司中，截至2019年年底，只有61家仍然存续，存续率仅6.8%。决定这些企业生死的，不是疫情、通胀，也不是监管，而仅仅是它们是否有持续生长的能力。

不管新冠病毒是否会消失，通胀是否会回到2%的历史目标，人类社会始终都要学会适应生态环境的变化。鸟儿是这样长出翅膀的，鱼也是这样上岸学会爬行的。

中国的数字平台也一样。

如果仔细分析，近几年轰轰烈烈的外部冲击，比如新冠疫情、通胀、监管，在更长的历史洪流里，其实都是短期因素。

---

1 电影《唐伯虎点秋香》中唐伯虎的台词。

2022年4月，中共中央政治局召开会议，提出要完成平台经济专项整改，实施常态化监管。7月，国务院常务会议再次强调平台经济的正面社会价值。

2022年8月，中方与美方签署审计合作协议，中概股退市危机暂时告一段落。

2022年初冬，国务院发布进一步优化疫情防控工作的二十条措施。而销售额几乎永远在全国排名第一的商场，著名的北京SKP，在经历了24小时的短暂封闭后又开门迎宾。微妙的变化意味着疫情在中国按下了转折键。

与此同时，美国的通胀在2022年首次出现回落趋势。

一切短期因素都终将被时间的流水冲走。从2021年到2022年，不管中国的数字平台经受了多少不可控的外生冲击，长远的企业价值还是需要回归到更本质的问题：**数字平台还有成长性吗？还有增长空间吗？**

截至2021年12月，中国网民人数达到10.32亿，占全国人口的70%以上；短视频平台用户数量也达到了9.34亿；人均上网时间达到了每周28.5小时。[1] 截至2022年6月，微信月活用户近13亿。[2] 截至2022年3月，阿里巴巴全球年度活跃消费者达13.1亿，其中有超过10亿人来自中国市场。[3] 不管是用户数量还

---

1 数据来源：中国互联网络信息中心第49次《中国互联网络发展状况统计报告》。
2 数据来源：腾讯2022年中期报告。
3 数据来源：阿里巴巴2022财年年报。

是用户时间，各大平台都在逐渐触及天花板，增速下行是明显的趋势。这是中国数字平台的丰碑，也是它们的瓶颈。

成长空间的天花板，远比市场情绪、政策影响要可怕得多。

第二增长曲线

巴菲特早就说过，"成长是价值的安全边际"。这是经历过的人才能体会的大智慧。没有了成长，就谈不上安全边际。今天的数字平台其实都有着深入骨髓的成长焦虑。在一个流量红利见顶的时代，所有平台都在努力开拓自己的第二增长曲线。从某种意义上说，能否完成这条曲线，才是数字平台长期市值的基本盘。

第二曲线是英国管理学家查尔斯·汉迪在《第二曲线》[1]一书中提出的概念。人类的个体、组织和企业，其生命轨迹都符合一条S曲线：在初创期，进行各种尝试和实验；在成长期和扩张期，找到一条适合自己的道路，产出快速增长；到了某个时刻后，进入相对成熟期，增长遇到瓶颈，曲线将不可避免地达到巅峰并开始下降。

对于企业而言，这个瓶颈来得尤其快。2013年，原国家工商行政管理总局企业注册局公布了2000年以来中国企业生存时

---

1 〔英〕查尔斯·汉迪：《第二曲线》，苗青译，机械工业出版社2017年版。

间的相关数据，指出企业成立后3~7年为退出市场高发期，即企业生存的瓶颈期。

如何突破这个瓶颈呢？查尔斯·汉迪认为，企业必须寻找新市场、新机会，开启第二曲线，而且开启的时机必须在第一曲线达到巅峰之前，这样才有足够的资源支撑第二曲线探索期的大额投入。（参见图6-1）

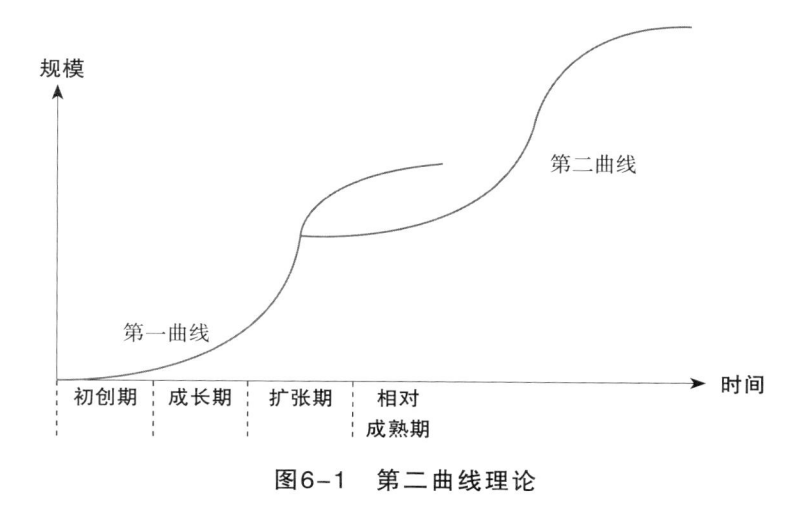

图6-1　第二曲线理论

美国科技五大巨头其实都经历过或者正处于寻找第二增长曲线的过程。

1997年，乔布斯回归后，苹果公司推出Mac电脑。之后苹果接连突破，2001年推出音乐播放器iPod，改变了传统音乐产业的游戏规则；2007年推出iPhone，重新定义了智能手机，打开了移动互联网时代的大门。每一条都是新曲线，但都源自上一条曲线的技术积累。

亚马逊同样如此。让亚马逊创始人贝索斯连续三年（2018—2020年）占据世界首富位置的，并不是传统的自营电商，而是亚马逊的第二增长曲线——第三方业务和云计算。2021年，亚马逊第三方卖家 GMV占比从2000年的不到5%增长到64%，云计算业务贡献了约75%的利润。[1]

微软同样利用自身在数据处理和人工智能方面的优势，打造了云平台Azure。现在云服务已经成为微软增速最快、营收和利润最多的业务板块。

再来看谷歌。尽管流量广告仍然是谷歌的利润大户，但谷歌打造的Android（安卓）系统已经成为全球最有生命力的操作系统，占据了手机这个智能终端设备70%以上的操作系统市场份额。同时，谷歌的人工智能也在引领时代潮流。2016年3月，人工智能围棋程序AlphaGo（阿尔法围棋）以4∶1击败韩国围棋冠军李世石，成为近年来人工智能领域的里程碑事件。研发AlphaGo的就是谷歌的子公司DeepMind。借由人工智能技术，谷歌的图像搜索、语音识别、智能家居、自动驾驶等相关产品，都在业内处于领先地位。

最后来看看Meta。2022年，扎克伯格的烦恼集中在Facebook的第二增长曲线Meta上。从线上社交媒体转向线上生

---

1 数据来源：Wind。

活元宇宙，这看起来是一个顺理成章的选择。但缺乏货币共识的元宇宙暂时还没有找到真实的落地场景，就像一个流沙地带，扎克伯格陷在里面，进退维谷。

在第一曲线到顶之前，能否找到第二曲线；在第一曲线下行到底之前，第二曲线能否支撑起足够的增长——这是决定平台估值的核心。

不过，虽然都叫数字平台，但不同的平台可能属于完全不同的物种。我们可以按照功能，将现在全球的头部平台划分为三类：造市者、注意力竞争平台和生态型平台。

阿里巴巴、京东、美团、亚马逊等，属于造市者，主要功能是促成交易。腾讯、微博、脸书、推特，以及它们的前辈（门户网站）和后辈（抖音、快手、小红书、B 站、奈飞）等，属于注意力竞争平台，主要功能是提供社交、娱乐，以及各种吸引注意力的内容产品/服务。微软、苹果、谷歌则属于生态型平台，主要功能是提供操作系统，形成"用户—应用开发者—厂商"之间的交互闭环。

跟物种一样，平台的基因决定了其进化路径。"根之茂者其实遂，膏之沃者其光晔"[1]，有茂密的树根，就会有丰硕的果实；有充足的灯油，就会有明亮的灯光。平台要想突破瓶颈，还是需要回到自己的根系上。

1　出自唐代文学家韩愈的《答李翊书》。

造市者的生态系统能力

阿里巴巴、京东和美团同属造市者，其第二增长曲线的演化路径也有着相似的内核，其中最重要的就是拓展新的消费场景。

直播电商

造市者的使命就是创造一个交易场所。一个优秀的、有黏着度的交易场所，一定容量足够大，信息不对称性低，秩序井然，交易方便安全。

数字时代的造市者，利用数字技术，将交易的时间、空间和对象拓展到了之前的人类社会完全无法想象的程度。2022财年，阿里巴巴的GMV是8.32万亿元，覆盖190多个国家，聚集了几千万家商户、超13亿消费者，其中约1.24亿消费者在淘宝、天猫的年度消费额过万元。[1] 与之形成对比的是，巨型商超沃尔玛在中国约有400家门店，2022财年，沃尔玛中国的营业收入仅为890亿元[2]，而且它不可能24小时无休地跨区域服务消费者。

---

1 数据来源：阿里巴巴2022财年年报。
2 数据来源：沃尔玛2022财年财报。

滴滴的交易对象则不是商品，而是人和服务。自从有了数字造市者后，市场的概念就被无限地延伸和拓展。尤其是美团，它将所有可交易的人类活动都纳入了消费场景序列。而自从抖音、快手、小红书等社交媒体开始以"兴趣电商"的形态入侵造市者们的传统领地后，传统造市者也加快了利用新技术手段（如大数据挖掘、人工智能）、新媒介(如直播)造市的步伐。

2022年，市场整体消费疲软，"双十一"购物狂欢节也过得悄无声息，但有一条新闻十分引人注目——"抖音一哥"罗永浩和东方甄选掌门人俞敏洪入驻淘宝直播间。

罗永浩在抖音的发展可谓风生水起。2020年4月至2022年11月，他的"交个朋友"直播间总GMV达100亿元，开播总时长超过1万小时，成交订单量超过5500万。[1]罗永浩在抖音这么"滋润"，为什么要转战淘宝？淘宝又为什么要不惜重金引入罗永浩呢？

道理很简单，**直播电商正在从流量之战的上半场转入比拼电商生态系统的下半场**。罗永浩需要阿里系的电商生态系统能力，淘宝也需要罗永浩这样的头部IP来加强自己在内容方面的能力，把新场景"吃下来"。

在上半场的流量之战中，谁能抓住用户，谁就能产出

---

[1] 交个朋友科技有限公司：《交个朋友2周年报告》，https://mp.weixin.qq.com/s/fQXtLyQi1sgYNIPjmyh4Dg，2022年11月24日访问。

GMV。截至2022年6月，抖音月活用户数达6.8亿。[1] 依托于海量流量，近几年抖音、快手的电商业务拔足狂奔。2021年，抖音电商每月生产超2亿条短视频，举办900万场直播，全年共售出超100亿件商品，GMV达到2020年的3.2倍，甚至超过了同期淘宝直播的GMV。

但是，在抖音、快手这样的短视频平台发展直播电商，很快就会遇到瓶颈：短视频平台的根基在于内容、娱乐，属于"兴趣电商"，兴趣来得快，去得也快，流量的消费转化率比较低。

对比一下淘宝李佳琦直播间和抖音东方甄选直播间的业绩：从2022年6月开始，近90天内，东方甄选进行了96场直播带货，场均观看人次2058.3万，场均销售额2101.8万元；而2022年9月20日，李佳琦低调复出的第一天，其直播间观看人次突破6000万，销售额高达1.2亿元，10月24日（"双十一"预售开启首日）的销售额更是高达147.08亿元。[2] 东方甄选和李佳琦直播间的销售额完全不是一个量级。

为什么？因为两个直播间卖货的逻辑完全不一样。用户进入李佳琦直播间，目的就是买货；进入东方甄选直播间，是想听董宇辉唠嗑，顺便买点儿东西支持一下，需要从兴趣转化到交易。千万别小看这一步的效率损失，对于商业模式来说，这是天堑般的存在，需要花费巨大的力气才可能逾越。

---

1 数据来源：Quest Mobile《2022中国移动互联网半年大报告》。
2 数据来源：星图数据。

举个例子。《2022年抖音上半年商家生存报告》显示，在抖音售出的商品中，近7成价格不足50元，近9成不足百元。这就是典型的低价冲动型消费，这种价格很难吸引大品牌。而对于中小商家来说，冲动型消费意味着流量来得快，去得也快，买了抖音的高价流量，无法带来稳定的消费者群体，赚的钱也大半都用在付费引流上了。所以，一旦流量到顶，商业模式就很难持续。

直播电商的本质还是"商"，消费者可能会被情怀、搞笑、爱国热情等元素一时吸引，但最关心还是商品的质量、价格和物流效率。丰富、稳定、强大的电商生态系统，才是直播电商的护城河。这是阿里巴巴的长板，也最有可能支持阿里巴巴发展新的增长曲线。所以，阿里巴巴一定会在直播电商这个新消费场景上下大力气，并且有希望在短期或中期内盈利。

打造健康的生态系统

拓展新的消费场景，其实依托的还是造市者的生态能力，这是造市者们培育第二增长曲线的真正土壤。接下来，我们看看阿里巴巴具体是如何做的。阿里巴巴可以说是全球最大的造市者，在这个领域积累的经验也是最多的。

我们稍微思考一下，从线下商场转到电商，到底要怎么做？这个问题其实很容易被简化为线下转线上。电子书、电子图书馆的发展就经历过这样的误区：把纸版的内容直接转成电子文档，让读者在线阅读就行了。后来人们逐渐发现，这是两套不一样的系统。

电商服务更是如此。把线下买卖转到线上，听上去只是一个步骤，但阿里巴巴的迭代发展告诉我们，电商的"电"字背后，其实是一套包括技术、治理在内的基础设施建设。

把企业信息搬运上网，是最原始的一步，匹配买卖双方的信息，才是"造市"的开始。推出支付宝，解决电子商务的信任、支付、结算问题。商品种类丰富以后，通过搜索算法、推荐算法提高交易效率。商家数量增加后，推出各种商家营销工具（淘宝直通车）、即时沟通工具（阿里旺旺）、大数据分析工具（生意参谋）、风险预警工具（营商保）等，进一步提高交易效率和精准度。

这一系列服务，与线下生意的选址、装修、客户分析、咨询、信贷、保险、法务等环节颇为类似，却又不尽相同。一方面，做好这样的服务，对数字技术有很高的要求；另一方面，线上和线下商业之间有很多微妙的差异。这些产品或者说能力，都是靠时间和数据沉淀迭代而来的。

除了这些数字技术地基，软环境，也就是平台治理机制，也需要长期的积淀。道德风险、权力寻租[1]，一直是商业世界里的

---

1 指握有公权者以权力为筹码，为自己谋取经济利益的一种非生产性活动。

"毒瘤",数字技术更是让这些行为变得盛行又隐秘。而这些行为会直接影响造市者造出一个什么市——是暴利短命的黑市,还是持久进化的市场?

2010年前后,淘宝上假货横行,淘宝小二[1]利用手中的职权,为商家刷信誉、删除差评,帮助商家违规参与促销活动,甚至参股商家进行敛财的现象极其普遍。于是,阿里巴巴专门组建了平台治理部门进行反腐行动,从技术到规则,不断迭代。比如,不断削弱小二的权力;尽可能通过算法来运作规则,降低人为因素干预规则的可能性;加大惩处力度,制定严厉的打假惩处条例;推出"假货快速退款"服务规则;研发图片侵权假货识别系统;等等。包括这些制度、技术在内的软治理,不是一蹴而就的,而是在漫长的发展过程中一点点磨合、迭代出来的。

只有健康的生态系统,才能进化出更丰富、更繁荣的物种,线上商业要想繁荣,也需要一个健康的商业生态系统。包括搜索技术、支付、供应链、仓储物流、履约、品控、客服、平台治理,以及相关MCN机构等在内的线上商业生态系统,构筑了阿里巴巴赖以生存的生命线和护城河,也是其第二增长曲线的生命力之源。

---

1 指阿里巴巴旗下淘宝网的客服团体。

数字化服务

守林人的职责之一是培育幼苗，造市者的使命也是如此，而商业利益会在这个过程中逐渐涌现出来。在数字化时代，造市者很重要的一项工作，就是赋能企业，为企业提供数字化服务。

阿里巴巴自不必说，淘宝直通车、阿里旺旺、营商保、生意参谋都属于企业的数字化服务。美团对数字化服务也极度重视，创始人王兴很早就提出了"供给侧数字化"的概念，推出RMS（Restaurant Management System，餐厅管理系统），为餐厅提供点餐、收银、外卖、厨房管理、进销存、会员营销、经营报表等在内的一体化解决方案。美团还搭建了餐饮供应链B2B平台"快驴进货"，大力推动中小商家在采购、仓储方面的数字化。除此之外，京东集中精力在供应链数字化服务上下功夫，拼多多则将农产品产业链作为突破口，为农业企业提供数字化服务。

当然，理想和现实之间总是会存在巨大的鸿沟。"以数字化能力服务和赋能企业"，这句话听上去很美好，却也有点大而无当，在现实中，其实涉及的就是怎么收费、怎么服务的具体业务问题。这种业务问题，一定会遇到长期目标和短期目标之间不能完全自洽的情况：企业服务应该"放水养鱼"，还是"临海捞鱼"？

一方面，企业有增长目标和股价目标，在现在的资本市场上，中短期利润对股价的影响非常大，"临海捞鱼"意味着很多部门要背负巨大的KPI（关键绩效指标）压力。另一方面，就平台模式而言，水大才能鱼大，"放水养鱼"才是王道。其中的取舍权衡，与单纯的数字化能力输出相比，可能是更难的事。

说到企业的数字化服务，就不得不提另一个数字基础设施——云。2021年，云业务AWS为亚马逊贡献了约75%的利润。而作为中国市场的老大，阿里云在2022年占据了34%左右的市场份额，比第二名华为云和第三名腾讯云分别高出15%和17%，差距显著。

太平洋两岸的最大造市者不约而同地选择"云"作为突破点，并不是巧合。2010年3月，BAT（百度、阿里巴巴、腾讯）的三个大当家李彦宏、马云、马化腾曾就云计算展开了一次"华山论剑"。李彦宏认为云计算是新瓶装旧酒，没有新东西；马化腾则认为云计算有想象空间，但为时过早；只有非技术文艺男马云决定全力以赴做阿里云。

为什么？不是马云有先见之明，他也是被逼的。2008年，淘宝网的商品交易总额正在高速增长，用户点击页面浏览商品、下单、支付，这些动作都需要巨大的算力来支撑。据内部人士透露，当时每天晚上八点到九点半之间，服务器的CPU（中央处理器）使用率都会飙升到98%。[1]那个时候，算力只能依赖海外

---

1 史中：《阿里云的这群疯子》，https://mp.weixin.qq.com/s/1gL_R5rfyEzbc2Nvgpd4Tw，2022年11月24日访问。

服务商——IBM（国际商业机器）小型机、Oracle（甲骨文）商业数据库以及EMC（易安信）集中式存储。阿里巴巴技术委员会主席王坚经过计算后得出结论，如果按照商品交易总额增长的速度去"剁手"买服务器，几年之后，光这一笔支出，就足够让阿里巴巴破产。

也正是这件事让马云意识到，算力之于数字时代的企业，就像电之于工业时代的企业。"云"是阿里巴巴作为数字造市者的核心基础设施，必须干。一个缺乏云能力的线上商业生态系统，就像商家不是自持店铺，而是从物业租赁一样，总会受制于人。

如果相信数字化是未来，那么我们就会明白，云业务确实就是像电一样无影无踪却无处不在的基础设施。这是一个具有确定性远景的赛道，当然，竞争激烈也是必然的。国内市场上，尤其是华为，凭借多年积累的网络、服务器、芯片等技术，在云业务上紧追阿里云。同时，在亚马逊、微软这样的海外对手面前，中国数字平台的云业务能力还存在"代际差异"，在技术上缺乏储备和竞争力。亚马逊的AWS和微软的Azure早已是"下金蛋的母鸡"，分别为公司赚取了185亿和299.7亿美元的利润[1]，而中国云业务的市场老大阿里云在2022年才堪堪在账面上消灭亏损，首次实现盈利。其间分野清晰，令人感叹。但无论如何，这是一条难而正确的路。

1　数据来源：亚马逊2021年财报，微软2022年财报。

注意力竞争平台的推陈出新

奈飞CEO里德·哈斯廷斯曾说："Snapchat、Facebook、Youtube，甚至某个还没被发明的App，所有这些占据用户时间的应用，其实都是奈飞的竞争对手。"[1]

今天我们熟知的平台，如微信、微博、抖音、小红书、脸书、推特、奈飞等，其初始商业模式的本质都是一样的——竞争消费者的注意力。然后，羊毛出在猪身上，平台免费提供基础服务，通过广告和增值服务赚钱。

这种平台做的是典型的流量生意，个体迁徙成本相对较低。更重要的是，消费者的注意力是有限的，无论贫富贵贱，每个人每天都只有24个小时，多玩一会儿抖音，在微信、微博、快手上花费的时间就会减少，所以，平台必须通过不断地推陈出新来占领消费者的心智。任何有潜力的新次元、新用户、新技术，都有可能成为它们的第二增长曲线。

在这一点上，中外平台都是如此。

---

[1] 出自《华尔街日报》对奈飞CEO里德·哈斯廷斯的采访，https://www.epollresearch.com/marketing/WSJ_Where_Netflix_Sees_Potential.pdf，2022年11月27日访问。

新次元探索

Facebook在2021年10月宣布更名为Meta,声称要把旗下产品逐步整合,打造一个"超越现实"的元宇宙平台。这实际上是扎克伯格继2017年的"天秤币"项目后,对新次元第二增长曲线的第二次探索。

随着数字生活对人类社会的渗透,以及通信、全息影像等各种技术的突破,一个虚拟与现实之间界限模糊的未来社会形态似乎离人类越来越近。年轻人更活跃的社交平台天然是这种社会形态生长的土壤,年仅三十多岁的扎克伯格也更有欲望去探索这个模糊但充满想象力的新次元。一旦新次元抢滩成功,那么Facebook很有可能成为下一代"全真互联网"[1]时代的绝对王者。

但这样远大的目标并不容易实现。截至目前,元宇宙究竟是什么,没人说得清。截至2022年11月,Meta旗下的元宇宙社交平台Horizon Worlds已经投入300亿美元[2],上面却还是空空荡荡:平台原本的目标是在2022年年底,月活跃用户数量达到50万,但实际上截至2022年11月,月活跃用户数量还不到20万。

如果仔细分析,我们会发现,元宇宙和现实商业世界联系

---

[1] 2020年,在腾讯内部刊物《三观》中,马化腾第一次提出了"全真互联网"的概念:一个令人兴奋的机会正在到来,移动互联网十年发展,即将迎来下一波升级,我们称之为全真互联网。
[2] 数据来源:根据Meta2019年至2022年财报测算。

最紧密的，是两大行业——游戏和加密数字货币。铸币权是现代国家最核心的权力和武器，任何大国都不可能放弃。这意味着，数字加密货币的商业化道阻且长。中国对数字加密货币的态度已经清晰[1]，即使在美国，看看扎克伯格当年折戟的"天秤币"项目，再看看近两年美联储"招安"数字加密货币、推进数字美元的做法，我们也应该明白，在可见的未来，数字美元、数字人民币等数字化的主权货币，仍然会是元宇宙的通用货币。

这也意味着，对于注意力竞争平台而言，在探索新次元这个方向上，游戏是可见的最大落点。而这恰好是腾讯最强的领域之一。实际上，腾讯在元宇宙游戏上的布局开始得很早，2020年2月就参与了现在的"元宇宙第一股"Roblox的G轮融资，还独家代理了Roblox中国区的产品发行。另一家在元宇宙体系中占有重要地位的公司Epic Games，早在2012年就被腾讯收购了40%的股权。当年价值3.3亿美元的股权，10年后的市值已经超过126亿美元。

2022年11月，我和一个硅谷的朋友线上聊天。我劈头扔给他一个在我内心萦绕很久的问题："2022年，马化腾和扎克伯格，谁更难受一点？"

他沉吟半天，很谨慎地回答，"如果不考虑制度成本，只看纯商业机会的话，扎克伯格应该更难受一点"。原因很简单，腾

---

[1] 2021年9月，中国人民银行发布《关于进一步防范和处置虚拟货币交易炒作风险的通知》，全面禁止与虚拟货币结算和提供交易者信息有关的服务。

讯的生态（QQ和微信）太强大、太丰富，黏着度太高。先不说《王者荣耀》《绝地求生》等游戏的风靡，更早期，一款名为《全民打飞机》的超简单手机游戏就引发了全民沉迷——这些都是元宇宙演进过程中难得的落地场景。腾讯对男女老少、体制内外、富人穷人"一锅端"的能力，确实无人可出其右。当然我们也不得不承认，铠甲即软肋，这种强大、丰富和高黏性，恰恰是其危机所在。

出海探索

除了探索新次元，中国的注意力竞争平台对"出海"找新用户这件事也非常执着。说起来，这确实是近百年来，中国企业第一次在商业模式上有输出的能力。字节系的TikTok（抖音国际版）已经成为中国互联网企业横扫全球的现象级产品，跻身10亿MAU（月活跃用户数量）俱乐部。快手也在海外业务上投入重金。

TikTok的打法说起来并不复杂，但卡位很准——将短视频、跨境电商、兴趣电商等模式叠加优化。首先，娱乐是人类的天性，视觉上的感官刺激是人类的第一反应，比文字的冲击力要直接得多。其次，跨境电商则将中国制造和中国供应链能力进行了成功的复制和外溢。最后，兴趣电商是非常中国化的产物，是从中国独有的庞大基层用户数量、极度本土化的内容形式，以及超强的供应链能力中跑出来的模式。

虽然抖音的网红主播"疯狂小杨哥"和TikTok的网红主播"跛脚卡比"输出的方式、内容完全不同，他们却都准确击中了底层的人性特征，新奇、有趣、轻松、接地气。通过内容的本土化黏住巨大的用户群和创作群之后，再发展跨境电商和兴趣电商，就会比较顺理成章，也更有希望找到变现的突破口。而变现确实是抖音和快手这种纯内容型平台当下必须高度关注的问题。

和腾讯不同，抖音、快手、小红书的利润主要来自广告和直播分成。在流量时代，平台对成长性的关注压倒了一切。但是，当流量见顶、宏观大环境恶化的时候，投资者的耐心就会逐渐被消耗。如何将海量流量变成实实在在的利润和现金流，对平台的估值来说极其重要。这个商业变现模式能不能彻底跑通，从中发展出第二增长曲线，可能还需要时间来验证。

从核心能力出发

从整体上看，不同的注意力竞争平台，发展阶段不太一样，寻找流量之外的第二增长曲线的路径也不太一样。但在当前的环境下，各平台演进的逻辑是类似的——顺着自己的核心能力，扩展市场边界。

抖音的算法推荐是全球通用的能力，所以在"出海"上走得相对比较顺利。快手的能力更根植于本土价值观，所以一直在寻找出路，比如尝试"出海"、培育电商生态等，但目前还没有突围成功。小红书是一个值得单独书写的案例，它选择在算法驱动的品牌培育上进行市场的拓展。如果成功，这可能会像谷歌改变广告生态一样，改变品牌生长的底层逻辑。当然，品牌是一个更主观、更具个性化认知的东西，如何将其标准化、量化成算法，可能是一条更加漫长的荆棘之路。

相比之下，腾讯仍然是最容易找到第二增长曲线的企业，几乎在所有方向上，它都有发展的机会。根据腾讯公司2021年财报，腾讯超过50%的营收来自增值服务（包括游戏和内容付费），金融科技和企业服务占营收的31%，广告仅占营收的16%。换句话说，腾讯虽然是注意力竞争平台，但提供的是社交基础设施——它在社交上的基础设施提供能力，与阿里巴巴在造市上的生态能力类似，甚至黏性更强，护城河更高，可盈利的触角也更丰富。微信几乎对所有产品都具有超强的吸附能力，从中衍生出来的专攻视觉内容的视频号，专为B端提供服务的企业微信，以及各种小程序等，未来都充满巨大的潜力，当然，也必然会面临无数狙击。但这不正是平台模式的魅力所在吗？

生态型平台与新能源汽车

2022年年初,苹果公司市值一度突破3万亿美元,甚至超过了英国2020年的GDP[1],是全球第一家到达这个量级的公司。苹果的体量和影响力来自哪里?是硬件吗?似乎不是,iPhone、iPad、Mac的大部分零部件和组装生产线,都是由富士康、立讯精密、歌尔等公司代工的。富士康既可以给苹果代工,也可以给小米、华为代工。在硬件方面,各家供应商区别不大,护城河并不深。

真正的护城河,是苹果的软件生态。

软件生态

2007年,第一代iPhone横空出世。几乎所有人都迷恋于乔布斯的设计美学,但最具颠覆性的其实是2008年第二代iPhone附带的App Store(应用商店)——所有应用开发者都可以基于苹果自研的操作系统iOS开发应用程序,放到App Store里销

---

1 数据来源:Wind。

售。这相当于为应用开发者提供了一个开发和销售的平台，比如曾经风靡一时的游戏《愤怒的小鸟》，具有"阅后即焚"功能的Snapchat，以及近两年爆火的游戏《原神》，都是苹果App Store里的产品。

这是绝对颠覆性的一步。在此之前，手机只是一个工具，使用者们被动地接受厂商赋予的功能，中间没有交互，也无法形成闭环。但App Store让手机从"工具"变成了"生态"。App Store推出两年后，先后有超过20万款应用程序上架，如社交应用Facebook、Twitter，具备听歌识曲功能的Shazam，以及复古胶片拟真相机Hipstamatic，虚拟宠物游戏《会说话的汤姆猫》……人们想得到的、想不到的，形形色色的功能纷纷出现在手机上。这些功能将我们与手机更紧密地黏着在一起，让手机成为人类不可或缺的一个"器官"。短短十几年，人类的社交、消费、日常生活都因此而颠覆。

这一步，让苹果彻底撕下"硬件厂商"的标签，成为"生态系统提供商"。这个生态是自我加强的，用户和开发者之间形成了双边网络效应：随着使用人数的增加，越来越多的App开发者愿意在App Store开发和销售软件。软件越多，被吸引的用户越多，整个生态就越完善，用户和App开发者对苹果生态的依赖性也越强。

所以，苹果只要把控着生态系统的入口，就可以坐地收税。任何一款App上架前都要接受苹果的审查，iPhone用户也只能通过App Store下载和使用软件服务——这意味着源源不断的现金流、运营和维护的低成本，以及几乎没有上限的增长空间。

其实，在2007年苹果推出iPhone时，谷歌也在研发Android系统。被称为"Android之父"的安迪·鲁宾看到苹果手机发布会时十分懊恼：跟苹果比起来，安卓的手机简直土得掉渣。不过，苹果也给了他很大启发，2007年年底，谷歌推出了Android系统。2008年，第一款搭载Android系统的手机HTC Dream上市，不仅整合了谷歌的产品和服务，同时也推出了一个应用商店，迈出了安卓生态系统的第一步。

经此一役，所有人都看到了数字时代"软件生态"的力量。抢占智能终端设备是途径，抢占终端的软件生态才是数字平台最终的"王图霸业"。

下一个浪潮

2022年10月，大众汽车集团宣布旗下软件公司Cariad与中国智能芯片公司地平线成立合资企业，并将投资24亿欧元（约179亿元），研发驾驶辅助系统和自动驾驶解决方案。

为什么一家车企要研发自动驾驶软件系统？因为它想抢占手机之后的下一个智能终端设备——汽车——的生态系统。作为下一代智能终端设备，汽车最有价值的部分，不再是发动机、底盘、车轮这些硬件，而是软件，"软件定义汽车"。

大众CEO赫伯特·迪斯在2019年提出了一个观点："软件将占未来汽车创新的90%。"[1] 一种可见的未来是，汽车产业可能会像手机产业一样，组装汽车的公司利润微薄，只能赚点血汗钱；产业链上附加值最高的环节，是前端的研发设计环节和后端的软件开发环节——其中最耀眼的明星环节就是操作系统的研发。随着数字化的进一步深入，汽车的智能硬件和软件系统的复杂程度甚至有可能超过个人电脑和手机。因此，汽车也需要开发底层操作系统，作为硬件和软件的中枢神经，为用户和其他软件提供接口和环境。

回想个人电脑和智能手机时代的操作系统，微软的Windows、苹果的iOS、谷歌的Android，都是碾压式的存在。它们打下地基，给软件开发者和用户准备了一整套控制硬件和软件资源、提供公共服务的操作系统，然后收取"地租"。软件开发者在这块土地上盖楼修房，操作系统越来越丰富，用户也越来越多，实现了网络效应的良性循环。而且，为了适应这块土地，软件研发者和用户付出了巨大的沉没成本，迁移成本很高。

生态型平台的网络效应最强，护城河也最深，往往能实现"赢者通吃"。 推出头部操作系统的平台，至少可以吃20年红利。在个人电脑操作系统中，Windows曾一度占据90%左右的市场份额，截至2022年，其市场份额仍有70%以上；在手机操作系

---

[1] 出自赫伯特·迪斯2019年在大众年度新闻发布会上发表的演讲。

统中，iOS和Android也占据了90%以上的市场份额。

在可见的未来，智能汽车操作系统必定是下一个兵家必争之地。谷歌、黑莓、华为、阿里巴巴等互联网企业，以及大批车企（如特斯拉、大众、奔驰、上汽、广汽等）都已跃跃欲试，开始自研全栈[1]操作系统，场面十分热闹。目前，市场上最有实力的汽车操作系统竞争者，主要是谷歌的Android系统和黑莓的QNX系统。

2017年，谷歌正式发布Android Automotive OS，一款专为汽车设计的标准化安卓系统，并对全球开发者开源。谷歌Android系统已经具备非常强大的手机应用生态，不需要进行大的修改就可以应用在汽车上，快速建立起汽车应用生态系统。中国的造车新势力"蔚小理"[2]也选择基于Android系统进行研发。

虽然黑莓在手机市场上一败涂地，但其稳定性、安全性较高的QNX系统在汽车的仪表盘市场上占据了一席之地。截至2021年，全球有超过1.2亿辆汽车搭载了黑莓QNX系统。[3]不过，作为一个闭源系统，在汽车软件开发越来越多元化的时代，QNX的生态系统应用需要由黑莓独自撑起，这是其相对薄弱的一环。

此外还有开源的Linux系统，这是一个免费使用、自由传

---

[1] 指从芯片、硬件、软件到应用的全方位技术能力。
[2] 指蔚来、小鹏、理想三家车企。
[3] 数据来源：Strategy Analytics。

播的操作系统，1991年由芬兰赫尔辛基大学学生林纳斯·托瓦兹首次发布公开，此后经数代程序员自发修改完善。阿里巴巴和华为就是基于Linux的内核，分别打造了AliOS（阿里操作系统）和HarmonyOS（鸿蒙操作系统）。

2014年，苹果推出造车项目Titan（泰坦）。到2022年的8年时间里，苹果在造车与不造车、专注软件开发还是制造完整汽车之间反复摇摆，仅负责人就换了四位，至今还没有推出一个产品。但要承认的是，在操作系统方面，苹果无疑占据了巨大优势。从iOS和MacOS在UI（界面设计）上的统一，到搭载M1芯片的MacBook可以下载并运行iPhone和iPad的App，我们可以看到，苹果在软硬件上的规划路径是可以做到无缝衔接的。如果苹果自研车载操作系统，它的核心生态系统和账号体系完全可以无缝移植到汽车的操作系统上。而苹果自研的系统平台上已经拥有海量软件，并且还有大量开发者正在不断完善这个系统的生态。说句夸张的话，即便苹果宣布要在沙漠中种一片森林，也会有大量开发者前赴后继地涌入。

在操作系统生态上，中国企业已经错过了个人电脑和智能手机两波浪潮，在下一个浪潮——智能汽车领域，它们有没有机会弯道超车呢？

2022年9月，在一次汽车行业会议上，工业和信息化部原部长苗圩为中国企业敲响了警钟："现在全球智能汽车发展格局没有定，留给我们的时间窗口大概是三年，最多是五年时间"，

"操作系统是比芯片更加迫切的供应链问题"。[1]

目前，华为、阿里巴巴等公司已经涉足这个领域。华为的HarmonyOS已经被应用于智能座舱、智能驾驶、整车控制等三大领域；阿里巴巴的AliOS也在加速布局自动驾驶和智能座舱操作系统。在2021年的云栖大会上，阿里巴巴的子公司斑马智行发布了自研AliOS智能驾驶系统内核。2022年8月，斑马智行自动驾驶操作系统AliOS Drive正式面世。阿里巴巴宣称，该系统将会向国内车企免费开放，大家都可以自行二次研发，推出有自己特色的操作系统。

不过，操作系统的开发是一个系统工程，从底层的芯片设计、硬件管理、软件开发到网络安全，再到数据处理和存储，涉及很多技术难题，研发成本高，开发难度大。相较于已经有20年积淀的谷歌、黑莓以及苹果，中国厂商可能还有更长的路要走。

当然，"其实地上本没有路，走的人多了，也便成了路"，也许，我们可以用鲁迅先生百年前说的这句话共勉。

---

[1] 出自苗圩在2022全球新能源与智能网联汽车供应链创新大会上的演讲。

第七章

数字劳动者

永远不要浪费一场危机。

——〔英〕丘吉尔

技能比专业更重要

找工作的 AB 面

2022年11月初，我见到李蔚来的时候，23岁的他看起来有些疲倦，眼睛下面有淡淡的青色，他说是晚上熬夜刷考公题目导致的。2020年，李蔚来考进北京一所"211"大学的金融专业读研，一转眼又要毕业了。他说从上半年到现在投了几百份简历，"面试邀请只有个位数"。他低下头，用勺子搅动杯子里的咖啡，有点无奈。

"现在大公司都在裁员，小公司纷纷倒闭，真是没职位""（硕士生活）还没开始就结束了"。我让他跟我说说目前工作有着落的同学的情况，李蔚来想了想说，还真没有特别顺的，大多都有些"曲线救国"的意思。

同学 A 先是在北京找券商、基金的工作，四处碰壁，只能回老家成都，给某农村商业银行的管培生岗位投递简历。没想到，之前特别容易进的农商行也"卷"到飞起，只招10个人的岗位，居然有600个人报名，其中不乏博士和"清北复交"的硕士。最后 A 认清现实，调整预期，投递了理财经理的岗位，目前基本已经定下来了。他补充了一句："A这个选择好像今年还挺主流的。"

同学B是计算机和金融的双学位，以前这种背景很受大厂青睐，今年却颗粒无收，最后他只能去一家新能源车厂做软件工程师，因为车厂的秋招岗位数量比去年提升了近50%，发了2000+的offer（录用通知）。

同学C干脆做起了自媒体，成为一名财经UP主（内容创作者），现在也能比较稳定地接到商务单，收入还不低，大概每个月有2万元左右。

李蔚来和他的同学们面临的，确实是近20年来中国就业市场最寒冷的冬天：2022年7月，16~24岁青年人的失业率达到19.4%，创历史新高，一直到9月，这个数字也才回落到17.9%，就业市场的凛冬还在持续。对全社会来说，这可能是一个冰冷、抽象的数字，但对个人来说，这就是房租水电、日常生存，庸常但真实。7月份从学校宿舍搬出来后，李蔚来开始跟人合租，每个月房租3000多元，加上日常开支，再怎么省，一个月的支出也要六七千元。他有点尴尬地笑了笑，说自己暂时跟已经工作两年的女朋友住，10月底还有一次考公，之后"调整预期，放平心态，改变思路"，无论如何，先找到工作。

毕竟是20岁出头的小伙子，稍微振作一下，眼里还是充满阳光。一切都会好的，我跟他说，然后分享了2022年我身边的真实案例，是"找工作超难"这个故事的B面——企业招合适的人超难。

我的姐姐是上海一家投资孵化公司"云部落"的CEO,想招一个财务人员,收了几百份简历,应聘者大多是对口的会计学专业背景。结果面试了一圈,一个都没留。我问她为什么,她告诉我,绝大多数求职者都挺符合"财务会计"这个岗位的传统描述,能写会算,能编账本,也熟悉合规,但这些标准化和流程化的活儿,现在几个会计软件再加一个小出纳就可以干了。

她的公司做的是投资孵化,大小项目几十个,有上市的也有早期的,有医药的也有芯片的,有跟投的也有领投的。还有连锁的孵化空间,每个里面都有几十家企业,涉及房租、物业、政府补贴,等等。虽然企业规模不大,但是行业跨度大、专业跨度大,接口也很多。随着项目变多,烦琐程度呈几何级上升。所以,她要的人,"懂账"只是一个基础门槛,协调能力、组织能力和学习能力才是核心。

我的姐姐不是特例,我身边几乎所有做企业的朋友都有类似的感受,合适的人太难找了。尤其是中小型成长型企业的老板,一旦碰到合适的人,都求贤若渴,愿意不惜代价留下。

什么才叫"合适的人"呢?我问了一圈后发现,在对"合适"的理解上,这些企业是有共性的。一方面,首先是双方的价值观和生存状态要契合。一个期望朝九晚五过安稳日子的人就不太合适创业公司;一个野心勃勃、能量无穷的人在大型国企、机构里"卷",也未见得会感到舒适。"合适"与否会非常影响一个人的工作状态——凹造型是不可持续的,时间长了,造型一定会走样。

另一方面,更重要的是,**企业普遍看重工作技能而不是专业知识的匹配**。这可能是数字化对社会最深刻的改变之一,只是因为发生得"润物细无声",所以我们要在很久之后才能感知到。

比如,在我很小的时候,摄影还是一个门槛很高的技术活儿。当时我表哥背着一部海鸥照相机,在小暗房里捣鼓冲洗质量堪忧的照片,赢得了不少姑娘的芳心。然后傻瓜相机出现了,接着数码相机出现了,再加上一台打印机,从照相到出片,也就几分钟时间。摄影这个领域开始分化,一小部分朝着高端专业艺术的方向,向高人力资本转化;另一大部分的市场,则被形形色色的智能手机、美颜相机包揽下来。照相、冲洗照片、给照片上色这些初级甚至中级的工作,也就逐渐被时代的潮水淹没。

这其实不是特例,过去30年,随着人工智能、数字平台和线上工具的发展,很多专业知识技能都在逐渐被标准化、模块化、程序化。就像当年的傻瓜相机、智能手机一样,技术进步导致专业人士的门槛不断被降低,很多之前的专业知识也逐渐变得没有那么稀缺了。

薪酬与职业技能

过去十几年,随着社会数字化程度的加深和服务业的分工细化,学术界越来越意识到,人工智能可以替代的是技能,而不是岗位。一个劳动者,只要技能不被数字化时代所淘汰,在不同时期,可能只会碰到岗位名称的变化。麻省理工学院的教授Autor、Levy和Murnane在对美国450种常见岗位的工作内容进行了详细的语义分析后,抽象出了三种未来难以被人工智能取代的工作技能,分别是创意、社交智慧和手艺。[1](参见表7-1)

三种软技能对应着不一样的工作能力:比如创意包括分析能力、创造性思考能力、理解和表达能力;社交智慧则包括人际融合能力、沟通协调能力、领导力、引导能力;手艺则更直接,就是机械操作能力、手部灵活度、协助和照看他人的能力——这一点很有意思,人类的手可以进行成千上万种精细操作,随情境而变;但机器人在模拟人类的动作,特别是精细的手部动作方面,还有很长的路要走,它们通常只能做出某些特定动作,而且成本很高。

---

[1] Autor, D. H., Levy, F., Murnane, R. J. (2003). The Skill Content of Recent Technological Change: An Empirical Exploration. *The Quarterly Journal of Economics*, 118(4), 1279-1333.

表7-1 未来难以被人工智能取代的工作技能

职业技能类型	对应的工作能力
创意	分析能力 创造性思考能力 理解和表达能力
社交智慧	人际融合能力 沟通协调能力 领导力 引导能力
手艺	机械操作能力 手部灵活度 协助和照看他人

即使是同类型岗位，匹配的软技能也是很不一样的。比如，同样是对创意和社交智慧有要求的高技能金融岗位，量化金融分析师需要的是创造性思考之上的结构性表达能力，对沟通协调和人际融合能力的要求并不高；而券商分析师更强调分析、理解和表达，以及相应的沟通协调能力。

这项研究当时对我们团队的震动很大，因为我们团队的成员大多是高校年轻教授，对专业和技能的脱节特别有体感。所以过去两年，我们搜集相关数据，整理出500个中国社会的常见职业，参考了包括Autor等教授的研究在内的几种研究方法，编制了"中国职业技能发展数据库"。在表7-2至表7-5中，我们列举了每个技能对应的最典型的20个职业，以及相应的平均招聘月薪、5年工作经验薪酬增长率、被人工智能替代的概率、TOP3最佳求职城市等。

表7-2 职业技能的岗位分布图

创意技能		社交智慧技能		手艺技能	
岗位	占比	岗位	占比	岗位	占比
建筑和工程技术人员	24%	管理专业人员	31%	医疗保健执业医师和技师	25%
生命、物理和社会科学专业人员	14%	社区和社会服务专业人员	13%	安装、维护和维修工作人员	16%
商务和金融专业人员	14%	销售相关职业人员	13%	个人护理和服务工作人员	9%
艺术、设计、娱乐、体育和传媒专业人员	12%	教育、培训和图书馆专业人员	9%		
计算机和数学分析专业人员	12%	商务和金融专业人员	9%		

表7-3 创意技能对应的20个典型职业

职业	平均招聘月薪（元）	5年工作经验薪酬增长率	被人工智能替代的概率	最佳求职城市 TOP1	TOP2	TOP3
数学家/数据科学家	22989	67%	4.7%	北京	上海	深圳
区块链工程师	18660	73%	4.2%	广州	深圳	北京
人工智能工程师	16283	145%	4.2%	北京	上海	杭州
云计算工程师	15854	139%	4.2%	北京	上海	深圳
金融量化分析师	14956	113%	33%	上海	北京	深圳
集成电路工程师	14820	121%	2.5%	上海	深圳	北京
音乐编导/作曲	13947	136%	2%	上海	北京	深圳
精算师	13677	389%	21%	北京	深圳	上海
神经科医生	13129	22%	0.4%	上海	北京	广州
律师	12170	87%	3.5%	北京	上海	武汉
建筑设计师	12108	74%	1.8%	上海	成都	广州
机器人工程技术人员	11932	45%	1.4%	杭州	上海	苏州
动画设计师	11028	164%	1.5%	广州	上海	北京
城乡规划研究人员	10816	147%	13%	广州	武汉	成都
证券分析师	10759	110%	33%	北京	广州	上海
医药研究人员	9083	106%	0.5%	上海	北京	南京
编剧	8401	91%	2.2%	广州	杭州	北京
产品/工业设计师	8355	126%	3.7%	广州	深圳	上海
商务策划专业人员	7725	116%	23%	广州	杭州	上海
农业工程技术人员	7033	59%	49%	成都	广州	上海

表7-4 社交智慧技能对应的20个典型职业

职业	平均招聘月薪（元）	5年工作经验薪酬增长率	被人工智能替代的概率	最佳求职城市 TOP1	TOP2	TOP3
应急管理人员	18337	119%	0.3%	北京	深圳	杭州
移民顾问	14659	34%	0.9%	深圳	北京	广州
供应链经理	12828	129%	59%	杭州	上海	广州
贷款顾问	11315	66%	4%	成都	广州	深圳
社区团购经理	10831	39%	1.4%	上海	深圳	成都
心理咨询师	10421	74%	0.5%	广州	杭州	武汉
编舞	10331	142%	0.4%	广州	成都	重庆
婚姻家庭咨询师	10194	122%	1.4%	广州	武汉	上海
酒店经理	9241	129%	0.4%	广州	上海	成都
健身教练	9120	42%	8.5%	广州	重庆	成都
职业规划师	9069	56%	0.9%	武汉	广州	成都
房地产经纪人	9062	48%	86%	成都	广州	武汉
直播营销师	8820	102%	25%	广州	杭州	深圳
健康管理咨询师	8728	101%	0.9%	广州	上海	武汉
中小学教师	8543	58%	0.4%	武汉	广州	成都
艺人经纪人	7751	63%	24%	广州	成都	重庆
流水线工长/车间主任	7306	41%	1.6%	广州	深圳	东莞
摄影师	7016	142%	2.1%	西安	广州	杭州
婚礼策划师	6619	130%	3.7%	成都	北京	广州
社区工作者	5629	64%	2.8%	广州	深圳	南京

表7-5 手艺技能对应的20个典型职业

职业	平均招聘月薪（元）	5年工作经验薪酬增长率	被人工智能替代的概率	最佳求职城市 TOP1	TOP2	TOP3
皮肤科医生	20731	64%	2%	上海	广州	成都
外科医生	15166	93%	2%	成都	广州	上海
牙医	13621	116%	0.4%	广州	上海	北京
医美咨询师	11864	58%	30%	上海	广州	成都
麻醉师	11520	99%	2%	上海	成都	广州
空中乘务员	9357	41%	35%	广州	深圳	北京
按摩师/推拿师	9127	10%	54%	上海	重庆	广州
手术跟台员	7328	206%	34%	上海	广州	北京
导乐师	7229	84%	2%	上海	武汉	北京
兽医/宠物医生	7217	47%	3.8%	广州	深圳	成都
美容师	6782	82%	11%	广州	北京	上海
育儿师/月嫂	6347	41%	8.4%	深圳	广州	北京
消防员	6107	16%	17%	成都	广州	北京
花艺设计师	5997	95%	4.7%	北京	上海	成都
画师/雕塑师	5811	124%	4.2%	广州	深圳	杭州
化妆师	5525	54%	1%	广州	东莞	成都
家庭护理/护工	5341	8%	39%	深圳	北京	上海
理发美发师	5303	38%	11%	北京	上海	成都
电工	5064	22%	15%	深圳	广州	上海
咖啡师	4118	28%	77%	广州	成都	上海

整体来说，创意技能型职业的平均收入最高，平均招聘月薪9032元，在薪酬TOP100职业中，有68个都属于创意技能型职业，例如人工智能工程师、金融量化分析师、集成电路工程师的平均招聘月薪都在14000元以上。不过，创意技能型职业对学历和"硬知识"的要求也最高，62.3%的岗位要求大专及以上学历，上面提到的几个高薪岗位更是要求硕博学历。在地域上，创意技能型职业喜欢扎堆，多集中在北京、上海、深圳。

社交智慧技能型职业的平均收入也比较高，平均招聘月薪8156元，而且地域分布比较广。广州在一线城市中的性价比最高，对于大部分高薪酬的社交智慧技能型职业来说，是全国最佳求职城市。杭州、成都、重庆、武汉这些二线城市也频频进入求职TOP3城市。

手艺技能型职业看上去平均收入略低，平均招聘月薪6685元，但是考虑到入门门槛，其实相对性价比较高。比如，按摩师、育儿嫂、导乐师、美容师等都不要求本科学历，但招聘月薪也都在6000元以上，超过很多白领岗位的平均工资。这些低学历、低门槛的岗位，也存在比较长的职业上升通道。我们分析数据后发现，美容师工作5年后，招聘月薪可以增长82%；导乐师工作5年后，招聘月薪可以增长84%以上。

需要强调的是，这几项技能完全不会相互排斥，而是相互加持的。尤其是创意和社交智慧技能，是典型的"一加一大于二"。

比如，理财师这个岗位归属于社交智慧技能型职业，但是招聘月薪差距特别大。我们对不同薪酬的理财师岗位的招聘要求进行语义分析后发现，月薪分别为1万元、3万元、5万元的理财师岗位在专业知识上的要求差别不大，薪酬跃迁对应的是不同层面的技能：

> 月薪1万元的理财师，在人际关系上就是"与客户进行定期联系，为客户介绍新的产品及金融服务，建立与客户的良好信任关系"这种基本和笼统的要求。
>
> 月薪3万元的理财师，在人际关系上的要求明显高很多，甚至具体到"熟悉红酒品鉴、高尔夫运动、豪车试驾、珠宝鉴赏等，能参与组织高端客户活动，提高客户转化率"这样的要求。
>
> 月薪5万元的理财师，会强调"创新的业务模式"，或者"组织和管理营销团队"。

这个趋势在直播营销师、保险经纪人等社交智慧技能型职业中都可以观察到：同一个岗位，薪酬差异和创意技能成正比。

类似的趋势，在基金经理、产品策划专业人员、神经科医生等创意技能型职业中也可以观察到：同一岗位，薪酬差异和社交智慧技能成正比，越是高薪，对沟通、交流等技能的要求越高。不过，有意思的是，对于数据科学家、区块链工程师、集成电路工程师等对技术要求极强的职业来说，社交智慧技能并没有带来太多的溢价。这也说明，硬技能足够硬的时候，倒不一定需要软技能。当然，这句话的另一面是，如果硬技能不够硬，你的职业生涯和薪酬水平就很需要软技能的加持。

技能与天赋

关于技能，我们很容易和"天赋"混淆。比如社交智慧技能很容易跟"社恐、社牛"联系在一起，创意技能则很容易跟"创造力、表达能力、文字能力"联系在一起。实际上，技能与天赋之间是相关但并不相等的关系，**天赋可以转化成技能，但技能未必需要天赋**。

以我自己为例。我在表达和写作上算是有点天赋，从小到大，演讲比赛、写作比赛、辩论比赛，基本上能拿的奖都拿过。但这些技巧在我刚开始写博士论文时反而是个拖累，因为我过度注重修辞的美，对学术论文那种开门见山、直切主题、层次简单鲜明的写法非常不适应。我花了很长时间跟自己的"天赋"搏斗，培养自己写学术论文的技能。套路很简单，就是大量阅读经典论文，总结它们在结构上的共同点，然后像描红一样学着写。大概一年之后，我才慢慢获得了这个技能。

那么，天赋有用吗？也不能说一点用都没有，它让我能够学得比别人稍微快一点，而且往往能举一反三。回国后，几乎所有海归青年教师都对各种国家课题的申请报告很头疼。而我在动笔前，先从同事那里拿到了前三年获得最高分的五六份报告，从标题到结构，一一拆解，然后根据自己的研究内容，照猫画虎设计了标题风格和写作框架，把自己的内容往里填。连续几年，在我的论文发表情况还很弱（也就是硬通货不多）的情况下，以"青椒"身份申请的国家课题都以高分命中。

但是，认真说起来，这跟天赋有多大关系？其实没有，因为后来我自己带的博士生跟着我磨了两年，也学会了这些技能，毕业后他独立申请课题，同样效果很好，命中率极高。

这说明什么？说明技能是可以通过训练获得的。

那创造性呢？有人说，表达、写作可以训练，创意能训练吗？同样能。

全球鼎鼎大名的"黑客罗宾汉"，维基解密的创始人朱利安·阿桑奇有句话特别打动我："你相信的太多，是因为你知道的太少。"[1]阿桑奇讲的是政治，是信息透明，但在我看来，却别有意义。在很多工作、学习的场景中，我们所说的"创造性""创意"，其实是大量阅读和思考的结果。

比如，你只读了一本书，往往很容易接受这本书中的观点。但是，如果读了这个领域的三五本经典著作，二三十篇经典或者前沿文章，大概率你会停下来，稍微思考一下其中的逻辑、

---

1 〔澳大利亚〕朱利安·阿桑奇：《阿桑奇自传》，任海龙、常江译，译林出版社2013年版。

脉络和演变过程。如果对相关领域进行更大量的阅读和思考，慢慢地你会感到，很多散落的知识点逐渐变成了一张拼图。随着阅读广度的拓宽，思考的深度会加深，这张拼图的面积也会扩张，触及很多之前自己想不到、别人也想得很少的问题。这就是所谓的智慧、创意和分析能力的本质。

所以，技能不是天赋。我们也许永远讲不成李诞，写不成金庸，也无法突破桎梏成为马斯克，但这无关紧要，天赋是用来闪闪发光的，技能是用来谋生立足的。拥有前者是幸运，学会后者同样幸运。

技能创造流动性

除了"失业",2022年还有一个关键词"转岗"。从整体上来说,换工作的概率和年龄成反比,越是年轻世代,越爱转岗挪地儿。但从2021年开始,教培行业、互联网行业、房地产相关的建筑行业等遭遇重创,相关职位严重缩水,很多中年人也被迫转岗。2022年猎聘发布的《2022Q1中高端人才就业趋势大数据报告》显示,2022年一季度,有55.87%的职场人有跳槽计划,其中65.34%的人选择跨行业跳槽。

那么,转行、转岗的时候,怎样才能提高胜率呢?还是要靠技能。

顺着技能迁移

讲一个挺"鸡汤"的真故事。故事主人公叫小马,"香帅的金融江湖"公众号资深读者,也是得到App的资深用户,还在我们团队工作过一年。小马个子不高,眼睛很圆,有点娃娃脸,性格很温和,但是又挺倔强。2009年,小马以高分从甘肃考上哈尔滨工业大学,选的是当时热门的土木工程专业。

2009年是什么年份？"4万亿刺激"计划刚推出不久，房地产行业如火如荼，土木工程专业正是高光时刻。当时为了选上这个专业，很多孩子甚至放弃了去一个好城市。我记得身边有个孩子高考考了620多分，完全可以去北京、上海的"211"大学，结果为了学土木工程专业，他选择了成都的西南交通大学，只因为七大姑八大姨说"这所学校的土木工程专业很牛"。

小马是自学能力超强的人，大学期间学习很好，顺利在本校保研。7年本硕连读，步入社会时，已经是2016年。2016年是中国房地产行业的一个拐点，国家提出"房住不炒"的理念，地产行业增速已经有明显的下行趋势。

小马意识到房地产行业处在下行通道，作为新人，不应该顺坡滑。但是该去哪里呢？去上行赛道。2016年最火的是什么公司呢？互联网公司。这是互联网新概念层出不穷的一年，比如VR（虚拟现实）、物联网、电商，五花八门。互联网大厂绝对是求职人心中的"华山之巅"。也正是这一年，信息传输、软件和信息技术服务业以122478元的年均工资首次超过银行业，程序员已经站到了收入金字塔的顶端。[1]

小马隐隐感到这是未来，应该朝这个方向走。但他是土木工程出身，专业不对口，怎么办呢？他权衡再三，觉得自己是理工科背景，本来就有一定的编程基础，决定自学人工智能编

1　数据来源：国家统计局官网。

程软件，考取相关证书，转专业。那时正逢人工智能岗位供不应求，小马顺利进入了上海的一家人工智能独角兽公司。他一边工作，一边学习，用了两年时间，正式转型成一位专业的人工智能工程师。

2018年，小马发现了新问题。现在人人都意识到要"学好软件编程，走上成功之路，迎娶白富美"，大马路上扔块砖，都能砸到8个"程序猿"。那么，自己的竞争优势在哪里呢？难道要等到35岁之后，去和年轻小伙拼体力吗？

小马明白不能坐以待毙，要趁年轻找到自己的职业势能。经过深思熟虑，他认为，自己不能算是最顶尖的人工智能工程师，但如果把智能算法当作工具，辅助自己在垂直领域发力，服务于具体的事情，那自己就又有了优势。那么，什么是具体的事情呢？

金融，这是不会过时的事。不管是房地产，还是互联网，或者高端制造业，都离不开金融服务的加持，而人工智能恰好是金融服务升级转型的抓手。

就这样，小马的自学之路又开始了，他把"香帅的金融江湖"公众号，以及得到App里相关的金融课程反复听了好多遍，购买各种金融书籍，考取相关证书，一节不落地上完了我所有的线下课，并跟我的团队一起做数据分析、实地调研。其间他发现医药行业一枝独秀（2019年至2020年正是医药股暴涨的阶段），便运用编程技术、数据分析能力、金融思维框架，对医药行业进行了深入分析。

积跬步以至千里，2022年，30岁的小马已经是一家医药咨询公司的部门负责人，他的人生方向也越来越清晰——利用编程能力做金融数据分析。10月份，他将迎来自己的第一个孩子。

从19岁到30岁，小马花了11年转行的故事告诉我们：转行的第一原则，就是顺着自己的技能比较优势，迁移到技能相近但趋势向上的行业或者岗位。

转行技能相关度

小马的经验也能从我们团队的研究数据中看到。

过去几年，"双减"政策、房地产"红线"、平台反垄断政策等，让教培机构教师、建筑设计师、房地产经纪人、程序员这几个之前的"香饽饽"突然人员过剩，成为"高危"职业。2021年7月，在经历了"地震"后，知名教培机构新东方半年就辞退了6万名员工。据不完全统计，截至2022年，教培行业裁员超百万人。这些人都到哪里去了呢？

我们团队研究了近几年各个行业裁员的情况，以及被裁人员的转行情况，整理了近些年裁员比较严重的岗位与转行目标岗位之间的技能相关度。（参见表7-6）所谓技能相关度，指的是本岗位与目标岗位所要求的技能的重合度。相关度越高，代表两种岗位各自所需的技能越接近。

表7-6 本岗位与转行目标岗位之间的技能相关度

教培机构教师转行		建筑设计师转行		程序员转行	
目标岗位	技能相关度	目标岗位	技能相关度	目标岗位	技能相关度
翻译	0.938	工程项目经理	0.946	大数据工程师	0.915
职业规划师	0.931	环境保护工程技术人员	0.915	计算机软件测试工程师	0.845
合规内控专业人员	0.922	景观设计师	0.876	机器人工程师	0.651
社会/社区服务管理人员	0.916	商务策划专业人员	0.863	信息安全工程师	0.632
企业培训师	0.916	城乡规划研究人员	0.848	游戏开发工程师	0.644
心理咨询师	0.877	道路桥梁工程技术人员	0.838		
新媒体运营	0.845	室内设计师	0.768		
产品策划专业人员	0.843				

在教培行业，转型最成功、我们最耳熟能详的人肯定是董宇辉，新东方前"王牌"老师，东方甄选现"王牌"主播，被誉为"最有文化的主播"。2022年7月有一条超火的短视频《回村三天，二舅治好了我的精神内耗》，发布这条视频的UP主唐浩，之前也是教培机构"猿辅导"的历史老师。仔细想想，不

管是董宇辉在直播间里的出口成章,还是唐浩幽默深刻的视频文案,背后支撑着的,都是他们的技能——理解表达能力、内容输出能力、听说读写能力、沟通引导能力,等等。而这些能力几乎可以无缝切换到职业规划师、企业培训师、新媒体运营等岗位。

我们从数据中发现,除了从英语教师转成翻译,职业规划师、合规内控专业人员和社会/社区服务管理人员,是教培机构教师转行成功率最高的三个岗位。分析这些岗位的工作内容描述,我们会发现,它们都对创意和社交智慧技能有较高的要求,尤其是"为他人解释信息的能力",是这几个岗位都最为强调的能力,也是创意和社交智慧技能的集中体现。

看到这个结果的时候,我稍微愣了一下,然后就微笑起来。果然,包括罗振宇在内的所有"得到"老师,虽然专业领域各不相同,但确实都具有创造性地为他人解释信息的能力。一个信息如何被诠释和表达,本身就是创造力的体现。

那建筑设计师转行到哪里去呢?转行到工程项目经理、景观设计师、城乡规划研究人员等岗位,当然是可以想见地"丝滑"。但是,还有其他可能性吗?

建筑设计师所需要的技能,其实是复合性的:既是工科生,也是文科生,还是艺术生。一个优秀的建筑设计师需要了解建筑工程学,具备对空间尺度的把握能力,还需要具有一定的人文素养和审美素养,并且具有和客户、施工经理、测量员、承包商、政府官员等多方进行沟通协调的能力。

这种综合能力，让他们可以迁移到很多意想不到的职业。

比如婚礼策划师。有一个叫"山归来"的婚礼策划工作室，几个创始人都曾经是万科的建筑设计师。他们创业之后的第一个项目叫作 sculpting light（雕刻光线）。因为新人喜欢印象派画作，他们就花15个晚上，在一个教堂用10万多米绣线，完成了一个光与色彩的印象派场景："每天太阳东升西落，阳光、云彩和木格栅会在教堂里投射出兜转变换的风景……飘过的云、吹过的清风、光的隐现……"最终的结果是，不仅新人非常满意这次婚礼，场地运营者也决定永久保留这个绣线作品。

房地产经纪人转岗成功率最高的前三名则分别是社区团购运营人员、直播营销师和互联网营销师。分析这些岗位的工作内容描述，我们会发现，这些岗位都十分强调社交智慧技能，尤其是"建立和维护个人关系""解决争端和谈判"这两项能力。房地产经纪和这三个岗位的技能相关度高达0.96，成功率不高才怪。

程序员的转岗更直截了当，"脱虚向实"，从互联网大厂走向制造业。

2022年10月，我打开招聘网站，搜索关键词"软件工程师"，满眼都是嵌入式软件工程师、机器视觉软件工程师、自动化软件工程师等热招岗位，但招聘雇主大多不是互联网企业，而是宁德时代、比亚迪、立讯精密，以及各种电子、汽车、医疗、机械设备，甚至纺织行业的企业。实际上，现在核心技术人才仍处于供不应求的状态，比如"互联网+"产业，以及处于景气周期的高端制造产业。根据《智能网联汽车产业人才需求预测报告》[1]的估算，到2025年，懂汽车又懂软件的复合型人才净缺口为3.7万人，是目前智能汽车研发人员存量的69.4%。所以，程序员转行到新能源汽车、自动化、机器人等领域继续从事技术研发工作，是一条顺滑而且前景看涨的路径。

---

1 中国汽车工程学会：《智能网联汽车产业人才需求预测报告》，北京理工大学出版社2021年版。

下一个潮汐：从有用性到有益性

磨砺个人技能很重要，但坦白说，每一艘小船都会被时代的洪流裹挟。除了个人努力外，一个人的命运在很大程度上还取决于历史的潮汐，一旦不小心踏进退潮的波浪，就可能会事倍功半。所以，看清潮汐的方向是很重要的一步。

在岛链化的大背景下，下一个十年的潮汐会往哪个方向涨呢？

我的答案是，从有用性消费到有益性消费。

1930年，英国经济学家凯恩斯写了一篇"雄文"《我们后代在经济上的可能前景》，展望100年后的人类社会：

> 资本的增长所达到的规模，比之于以前所知的任何时代，要远远超过上百倍……100年后所有我们这些人的经济境况平均要比现在好上八倍……我们将再次重视目的甚于手段，更看重事物的有益性而不是有用性。[1]

所谓"有用性"，就是物质的、具象的。比如饿了吃一碗面

---

[1] 1930年，凯恩斯整理了他之前在剑桥大学的一次演讲内容，以《我们后代在经济上的可能前景》为题出版。

条，上个好大学更好找工作，这些更接近"有用性"。所谓"有益性"，就是抽象的、模糊的。比如看一本书触动了心灵，看个段子心情愉快，某件事提供了情绪价值，这些更接近"有益性"。

要理解有用性和有益性，也可以参考美国著名心理学家马斯洛的"需求层次理论"：人的需求由低到高，依次为生理需求、安全需求、归属与爱的需求、尊重的需求，以及自我实现的需求五个层次。一个饥肠辘辘的人，人生的首要目标就是找到食物果腹——低层次的需求往往和具象的物质目标联系紧密，越是高层次的需求，越和情感、情绪、价值观这些非物质目标联系紧密。所以，随着后工业时代丰裕社会[1]的到来，人的需求也逐渐从物质的"有用性"转向非物质的"有益性"。

消费的有益性

凯恩斯毕竟是"一代宗师"，尽管当时全世界正处于大萧条的深渊，他却从中看到了科技创新带来的生产力革命将会从根本上改变人类生存的状态。尤其是随着代际更替，整个社会将从物质主义价值观逐渐转入更注重精神领域的后物质主义[2]价值观，消费结构甚至政治态度都会发生变迁。

---

1 美国经济学家加尔布雷斯提出的概念。加尔布雷斯认为，丰裕社会有以下几个特征：收入均等化，社会福利普遍增加，充分就业，经济安全。
2 美国政治学家英格尔哈特提出的概念，指人们在拥有了物质保障后，开始追求个人自主和自我表达。

中国同样在发生这样的变迁。改革开放以来的四十多年，中国的工业生产能力经历了由短缺到过剩的历史演变，成为世界第一制造大国，人均GDP突破1万美元。2015年之后，几乎没有匮缺记忆的"90后""00后"逐渐登上历史舞台，中国社会的消费开始出现从"有用性"到"有益性"的转型，而这个变化会快速地传导到个人的职业生涯。

这种趋势，美国、日本都经历过。从1960年至2021年，美国居民的食品饮料消费占比下降了11个百分点，服装消费占比下降了5个百分点，而医疗保健服务消费占比上升了12个百分点。日本也是类似的规律，1980年以来，食品饮料、服装消费占比大概下降了4个百分点，而医疗保健服务、教育、文娱的消费占比则增长很快。与此呼应，从2003年到2021年，美国大类职业中增速最快的就是医疗保健服务相关职业，就业岗位增长了100%以上。日本就业人数增速最快的行业，也是医疗保健服务行业，从2002至2021年，增长了80%以上。[1]

过去几年，大家一直说中国正在流行"新消费"，但"新"在哪里，没有人讲得清。疫情前，大家认为是营销渠道新、产品新，是消费升级的"新"。疫情后，人们发现消费不一定是"升级"，也可能是"分级"，而营销渠道带来的"新"似乎也是新瓶装旧酒。经过近三年反复的观察和思考，我觉得，这个

---

1 数据来源：美国劳工部官网，日本统计局与统计中心官网。

"新"可能是消费价值观上的"新"——**随着丰裕社会的到来，随着在丰裕社会出生的世代登上历史舞台，我们对"价值""服务""商品"的定义和边界都发生了变化。**

举个例子。最近职业市场上出现了一个很有意思的职业——导乐师。导乐（Doula）来源于希腊语，原本的意思是"女性服务者"。导乐师的职责，就是在分娩过程中，给予产妇情感支持、心灵抚慰和动作指导。大多数人都不知道，其实很多产妇的生产过程很长，动辄要痛十几个小时才能进产房，甚至有的产妇因为难忍疼痛而跳楼。除了生理上的疼痛，产妇往往还会被孤独、无助、恐惧的感觉包围，她的丈夫则如无头苍蝇般在一旁团团乱转。导乐师会在产妇生产时，一对一陪伴，和她聊天，给她播放舒缓的音乐，阵痛来临时教她用呼吸缓解疼痛，生产的时候教她怎么用力，生产完还会帮忙开奶。再早20年或者30年，在长辈眼里，生个孩子还付费"导乐"，啥用也没有，这不是开玩笑吗？但对新一代女性而言，在人生最紧要、最无助的关头，"导乐"能发挥精神支柱的作用，这种安慰、鼓励就是价值。

这就是从物质主义价值观到后物质主义价值观的变化，这也意味着消费的驱动力将从"饮食男女"走向"爱与尊严"。这个转变在职业赛道的选择上也非常明显，比如近年来，宠物医生、心理咨询师、滑雪救生员、剧本杀编剧等新兴职业陆续进入大众视野，成为新的高薪职业。（参见表7-7）2021年，B站UP主投稿增速最快的6个职业，分别是密室NPC（非玩家角色）、剧本杀编剧、注册营养师、人工智能算法研究员、康复治疗师、个人理财规划顾问。[1] 这些职业的学历门槛不像强技术型职业那么高，更适合普通人群。更重要的是，这些职业要求的技能属于"下一个潮汐"，是更面向未来、更具有上升通道的职业选择。

表7-7 有益性消费趋势相关职业

职业	职业类型	学历门槛 本科及以上占比	学历门槛 大专及以上占比	平均招聘月薪（元）	月薪中位数（元）	5年工作经验薪酬增长率
牙医	手艺技能型	22%	62%	13621	10416	115.6%
医美咨询师	手艺技能型	2%	48%	11864	10000	57.6%
动画设计师	创意技能型	12%	56%	11028	9000	163.8%
心理咨询师	社交智慧技能型	32%	86%	10421	9000	73.7%
编舞	社交智慧技能型	29%	65%	10331	8000	141.5%
理财规划师	创意技能型	11%	46%	10242	9000	145.4%
主播	创意技能型	2%	17%	9815	9000	75.6%
健身教练	社交智慧技能型	0	6%	9117	9000	41.7%
游戏开发工程师	创意技能型	5%	18%	8792	7000	228.3%
营养师	创意技能型	10%	39%	7800	7000	109.1%
导乐师	手艺技能型	0	5%	7229	7000	84%
兽医/宠物医生	手艺技能型	5%	22%	7217	6500	47.1%

---

1 参见哔哩哔哩官方发布的《2021B站创作者生态报告》。

女性力量的凸显

和有益性消费趋势紧密相连的是另一个趋势——女性人力资本价值凸显。

在2022年4月至5月的疫情中,"上海团长"一战封神。但是你知道吗?"团长"们绝大多数是女性。为什么?因为疫情期间,做一名团长,对协调、沟通和应急能力的要求太高了:要对接商家和上百人的需求,不厌其烦地回答各种各样的问题;要进行数据统计,应对临时的加单和退单;要分发商品,处理无数售后问题……没有足够的耐心、沟通能力和共情能力,这种工作做三分钟,人就可能会崩溃。女性在这方面非常占优——她们了解家庭生活细节,也更擅长沟通社交、建立人际关系。崔丽丽是上海财经大学的教授,主要研究方向就是电商。她通过上海市网购商会,以及自己在相关企业的人脉,为上百个社区找到了物资。和她对接过的"团长",绝大多数都是女性。

其实这个现象,绝不仅限于上海疫情期间。

在《情感经济:人工智能、颠覆性变革与人类未来》[1]一书中,作者认为,到2036年,我们会进入情感经济时代,人工智能会更多地负责思维型工作,人类则更多地负责情感型工作。

伴随着人工智能的发展,机器逐渐具备了"学习"和"思

---

[1] 〔美〕罗兰·T.拉斯特、黄明蕙:《情感经济:人工智能、颠覆性变革与人类未来》,彭相珍译,中译出版社2022年版。

考"的能力，很多体力劳动和脑力劳动都通过人工智能实现了自动化。然而，注重情感或情绪体验的工作却难以自动化，人类工作中技术性的部分慢慢淡化，情感向、社交向的技能越来越重要。据麦肯锡预测，从2016年至2030年，美国所有行业对社交和情感技能的需求将增长26%，欧洲将增长22%。而女性在感知情绪、同理心等社交、情感技能方面，天然更具优势。

在智力的性别差异方面，心理学界已经形成了一些基本共识：男女智力的平均数并没有显著差异，但各有侧重，男性更擅长视觉能力和空间能力，而女性更擅长语言能力和社交能力。女性大脑中的镜像神经元数量比男性多，而镜像神经元与人的共情能力息息相关。所以，女性天生就具备感知他人情绪、识别他人心情的能力。女性大脑的全脑连接更强，这使女性在思考和处理问题时，往往会考虑更多的信息，包括他人的感受、立场和观点等。

女性力量的凸显也表现在统计数据上。在美国，今天女性的受教育程度和职场表现都大幅提高，甚至超过了男性。美国20世纪60年代以后出生的世代中，男性的大学毕业率停滞不前，而女性的受教育水平持续改善，在本科学历人群中，女性占比已经超过了男性。而且，在所有教育水平下，女性的收入增速均高于男性。从1979年到2010年，40岁以下的本科学历人群中，女性实际工资的增幅比男性高10%。[1]

1　数据来源：美国劳工部官网。

中国也出现了类似的现象,年轻女性在大专生、本科生、研究生中的占比均高于男性,在20~24岁这个年龄段,女性在大专及以上学历中所占的比例,比男性高10%。除此之外,过去20年,女性更多地占据了单位负责人、专业技术人员这样的高人力资本岗位。从2000年到2020年,女性单位负责人数量增长了103%,而男性仅增长15%;女性专业技术人员数量增长了91%,比男性的增长多25%。(参见表7-8)

表7-8 分性别职业就业人员增速

		机关、社会组织、企事业单位负责人	专业技术人员	办事人员和有关人员	生产制造及有关人员	社会生产服务和生活服务人员	农、林、牧、渔业生产及辅助人员	不便分类的其他从业人员
2010—2020年	男	13%	28%	34%	10%	126%	-59%	122%
	女	19%	51%	74%	-4%	61%	-63%	134%
2000—2020年	男	15%	66%	93%	71%	310%	-67%	242%
	女	103%	91%	183%	38%	214%	-70%	280%

但这个趋势的另一面是,尽管在数字时代,女性人力资本越来越有价值,但女性在就业市场上仍然面临着巨大的性别鸿沟。三位经济学学者曾经做过一个实验:他们从北京的三所高校抽取了100名被试者,要求他们按照自己的情况制作了两份除性别与相关指标(身高、体重、姓名)外几乎相同的简历。在

对其他变量进行了严格控制后，几位学者将这些简历投放到同一个招聘网站。实验发现，在使用相同简历的情况下，只要把女性改为男性，收到的面试邀请数量就可以多42%。

其实在某种程度上说，这是巨大的人力资本的浪费。从农业时代到工业时代，女性一直在遭受体力的桎梏。如今，数字技术已经解放了女性的生产力，但社会意识的变迁仍然落后于技术的变化。

女性的发展程度是人类文明前进的刻度。法国哲学家傅立叶曾指出："某一历史时代的发展总是可以由妇女走向自由的程度来确定。"[1]数字技术带来的更普惠的自由，也许仍然需要更漫长的时间。

---

1 出自马克思与恩格斯合著的《神圣家族》，其中引用了傅立叶的这句论述。

小而美地活下去

2022年,我有一个很深的感受,就是要小而美地活下去。

7月底,我们举办了"共潮生·2022香帅年度财富展望"活动。当时我真的很惊诧,这样一场活动,涉及十多个行业(内容创作、广告传媒、教育、通信技术、旅游出行、投资孵化等),几十个企业,上百个工种和岗位(招商、数据分析、平面设计、新媒体运营、场地设计、场地搭建、活动执行、Keyboard、Keynote,以及各种我没有想过的岗位),几百位参与人员(横跨了上海、北京、福建、江苏等不同省市),居然成功地举办了。

在这个过程中,我意识到,"共潮生"看似只是一场活动,背后实际上是一场大规模的复杂社会分工。这种大规模的复杂社会分工,是由多个小规模组织平行协作完成的。比如我们团队的规模就很小,包括研究人员在内,总共不到十个人。其他团队的规模也都不大,十几个人到几十个人的偏多,大部分都是二十多人的团队。大家互相之间也没什么"领导"的角色,都是以工作任务为核心,通过线上平台完成平行协作。

参与合作的团队,有的是从4A广告公司出来的创意总监组建的，有的是从大厂、大电视台出来的中高层管理人员组建的。我开玩笑地问这些团队的创始人，出走是不是因为大企业的"35岁危机"。大家都笑着说不是，而是真的觉得这个时代适合"小部队作战"，利润高，时间弹性也高，感觉能"站着把钱挣了"。

那是"小而美"这个词第一次在我脑海里浮现出来。

两个推手

在观察、阅读和思考了两个月后，我意识到，**组织结构小而美，层级雇佣被平行协作取代**，正是未来社会的一个趋势。这个趋势并不是空穴来风，而是有两个推手。

第一个推手，是互联网平台以及数字化工具的推广。

在传统社会，大企业主要帮助个人解决信息不对称的问题。比如，一个新品牌想打广告，却对广告行业一无所知，就会信赖4A公司、电视台的"招牌"。因此，个人都会选择依附于某个"单位"，比如你是记者，一定会选择进报社、电视台；你是广告创意人，一定会去4A公司应聘；你是律师，一定会挤破头进大律所。

这种现象在2013年前后发生了变化。在数字时代，信息不对称的情况逐渐减少，在各类网络平台上，你可以直接看到某位记者写的文章阅读量、某位创意人的作品质量、某位医生的好评率……

更重要的是，协作也不再是问题，钉钉、企业微信、飞书……这些数字化工具越来越完善，大量工作完全可以在平台上协同完成。"共潮生"活动的筹备，就几乎全部是通过线上工具进行协作的。这意味着，个体对传统层级型企业的人身依附程度越来越低。

第二个推手，是服务经济的崛起。

加尔布雷斯是我最喜欢的经济学家之一。早在20世纪六七十年代，他就发现，知识经济的崛起，可以改变社会经济的分配模式。也就是说，知识将在现代西方社会经济结构的权力重新分配过程中起到决定性作用。他据此提出了著名的"权力分配论"——企业的权力归于最难获得或最难替代的生产要素的供给者。这句话听上去很晦涩，简单来说，就是谁掌握了稀缺的资源，谁就有社会经济的话事权。

在农业时代，最难替代的生产要素是土地，地主拥有土地产出的分配权。

在资本主义初期，资本最稀缺，尤其是在大工业时代，生产严重依赖流水线、机械设备等物质资本，每个工人只是生产流水线上的一颗螺丝钉，所以"资本雇佣劳动"天经地义。

到了服务经济时代，人力资本越来越重要，开始拥有更多的分配权和话语权。律所、会计师事务所都是人力资本掌握话语权的样本。

随着经济的发展、技术的进步,专门知识成为最重要的生产要素,所以,分配权和话语权会进一步落到掌握专门知识的人手中——

> 在现代企业里,职业经理人的地位越来越凸显。比如苹果CEO库克、通用电气前CEO杰克·韦尔奇、万科董事长王石、格力董事长董明珠、美的董事长方洪波、腾讯总裁刘炽平,等等,都是有权力的职业经理人。
>
> 在牙医诊所、会计师事务所、律师事务所,合伙制早已成为流行的模式。
>
> 在广告、设计行业,创意人和设计师频频从大公司出走,创立自己的工作室。
>
> ……

这些都是现在流行的"劳动雇佣资本"模式。也就是说,人力资本在服务经济、知识经济时代的话事权越来越高。尤其是到了数字经济时代,大数据成为消费互联网最核心的生产要素,拥有数据资源的平台成为社会经济中最有权力的存在。但与此同时,平台也提供了"劳动雇佣资本"的新机会——平台提供基础设施,收取固定比例的费用;个人提供知识和创意,对工作形式、工作时间和劳动产出有很大的支配权。

这是数字技术带来的改变。

数字技术改变了信息触达的方式和广度，让普通人有了更多被看见的机会。一个普通医生可以在平台看诊，接受来自天南海北的患者的咨询，树立自己的声誉，获得额外的收入和尊重。几乎所有"非标化"的高人力资本行业，如教育、管理、创作、协同等，都存在这样的"劳动雇佣资本"的机会。当然，也正因为"非标化"，复制粘贴式的规模化道路很难走通，以小组织的形式，在数字经济的基础上生长，会更加灵活有效。

小而美的组织结构，在一个数字化的、高人力资本驱动的服务型社会中将会成为常态。因为数字基础设施的建设和完善，整个社会变成了一个大型的乐高主题公园，小而美的组织就像无数乐高积木，可以快速拆卸，重新组装。所以我们会看到，传统的岗位逐渐被消融，取而代之的是无法被消融、被替代的技能。

你必须独特稀有

有时候我会想，人类其实也和鱼一样，只有7秒的记忆，很容易因为过于剧烈的短期波动，而忽视长期趋势的力量。

如果快速回顾2020年到2022年这段特殊时期，我们会发现，数字技术和网络早已改变了劳动力市场的总量、结构和组织形态。劳动技能和劳动关系也在不知不觉地嬗变。

2022年夏天，我跟十几个之前的学生聚餐。有毕业三五年的，有毕业七八年的，各有各的前景，也各有各的焦虑。大家最大的困惑还是"上升通道"会不会越来越窄。酒过三巡，薄有醉意，一个学生问我，老师，你觉得要怎么抵抗时间、人事和各种不确定性的侵蚀？

我的脑子里突然出现了著名经济学家哈尔·范里安那张跟比尔·盖茨颇有几分相似的脸。生于1947年的范里安曾经在麻省理工学院、斯坦福大学、加州大学伯克利分校等顶尖院校任教，55岁开始在谷歌担任首席经济学家，一干就是20年。谷歌的广告拍卖、企业战略和公共政策方面的顶层设计中，都有他的影子。很少有人比他更懂得数字化是怎么一点点改造人们的生存状态的。

关于这个时代，范里安说，你必须独特稀有，才能对抗规模化。我想，这也是我的答案。找到自己的天赋，在人生的各种场景里不断磨砺，转化成独一无二的技能，你才有机会与时间、时代做最顽强的抵抗。

后　记

2022年是一个充满伤痕的年份。

7月，上海刚放开不久，我去待了一个月。淮海路、南京西路都很安静，商店的玻璃门在阳光下安静地映出街头踽踽独行的我。来到四行仓库，站在那面布满弹孔的墙壁前，我的眼泪唰地流了下来。这个城市，这些人，这一年，都积攒了累累创伤，需要被治愈。

薄世宁是我的好朋友，北京大学第三医院危重医学科的医生。他正在写一本书，名字叫《ICU（重症加强护理病房）实录》，书稿里有这么一段话：

> 每次抢救的时候我都心惊胆战，如履薄冰，感觉像是自己在背着受伤的人奔跑，背后是凶狠成性的狼群。我汗流浃背，气喘吁吁，步履维艰。有时候我甚至想，算了吧，太累了，放弃吧，不跑了。但我不能，因为唯有用力奔跑，我才不会为未来可能的失败而恨自己。

是啊，唯有用力奔跑，才不会为未来可能的失败而恨自己，唯有用力奔跑，才有机会愈合伤口。

我对他说，这正是我一路走过来的感觉。从上海、西安、成都、杭州到北京，我一路调研了国企、民企、平台企业、创业团队，沟通的人从"60后"到"90后"都有，大家都有一样的迷惘、痛苦，也都汗流浃背、如履薄冰。但是，没有人躺平，没有人放弃，包括我们自己。所有人都在努力求生，负重前行。

2022年，不就是真实生活的ICU吗？如此艰难，但我们仍然奋力求生，渴望伤口愈合。

写到这里的时候，窗外暮色已深，我突然想起了一首老歌：

> 我的小时候，吵闹任性的时候，我的外婆总会唱歌哄我。夏天的午后，老老的歌安慰我，那首歌好像这样唱的：天黑黑，欲落雨，天黑黑，黑黑。
>
> 离开小时候，有了自己的生活，新鲜的歌、新鲜的念头。任性和冲动无法控制的时候，我忘记还有这样的歌：天黑黑，欲落雨，天黑黑，黑黑。
>
> 我爱上让我奋不顾身的一个人，我以为这就是我所追求的世界，然而横冲直撞，被误解被骗，是否成人的世界背后总有残缺。
>
> 我走在每天必须面对的分岔路，我怀念过去单纯美好的小幸福，爱总是让人哭，让人觉得不满足，天空很大却看不

清楚,好孤独。

天黑的时候,我又想起那首歌,突然期待下起安静的雨。原来外婆的道理早就唱给我听,下起雨,也要勇敢前进。

我相信一切都会平息,我现在好想回家去。[1]

---

[1] 孙燕姿《天黑黑》。

图书在版编目（CIP）数据

钱从哪里来 . 4，岛链化经济 / 香帅著 . -- 北京：
新星出版社，2023.1（2023.1 重印）
ISBN 978-7-5133-5092-1

Ⅰ.①钱… Ⅱ.①香… Ⅲ.①经济学-通俗读物 Ⅳ.① F0-49

中国版本图书馆 CIP 数据核字（2022）第 231885 号

钱从哪里来 4：岛链化经济

香帅　著

责任编辑：白华召
策划编辑：师丽媛　张慧哲
营销编辑：陈宵晗　chenxiaohan@luojilab.com
封面设计：别境 Lab
责任印制：李珊珊

出版发行：	新星出版社
出 版 人：	马汝军
社　　址：	北京市西城区车公庄大街丙 3 号楼　100044
网　　址：	www.newstarpress.com
电　　话：	010-88310888
传　　真：	010-65270449
法律顾问：	北京市岳成律师事务所

读者服务：400-0526000　service@luojilab.com
邮购地址：北京市朝阳区温特莱中心 A 座 5 层　100025

印　　刷：	北京盛通印刷股份有限公司
开　　本：	880mm×1230mm　1/32
印　　张：	8.25
字　　数：	157 千字
版　　次：	2023 年 1 月第一版　2023 年 1 月第二次印刷
书　　号：	ISBN 978-7-5133-5092-1
定　　价：	69.00 元

版权专有，侵权必究；如有质量问题，请与印刷厂联系更换。